W0404407

Sommerglück im Garten

Unser Verlagsprogramm finden Sie unter:
www.christian-verlag.de

Produktmanagement: Sabine Scheurer
Fotografie: Friedrich Strauß, Spezialarchiv für Pflanzenfotografie
Text: Anja Hallam
Textredaktion: Sabine Scheurer
Korrektur: Anja Hallam
Layout und Satz: Kirsten Harbers, München
Umschlaggestaltung: Caroline Daphne Georgiadis, Daphne Design
Herstellung: Bettina Schippel
Lithografie: Repro Ludwig

Druck und Bindung: Printer Trento, Printed in Italy

Die Deutsche Nationalbibliothek verzeichnet diese Publikation in der Deutschen Nationalbibliografie; detaillierte bibliografische Daten sind im Internet über http://dnb.d-nb.de abrufbar.

© 2011, Christian Verlag GmbH, München
1. Auflage 2011
Alle Rechte vorbehalten.

ISBN 978-3-86244-043-6

Alle Angaben in diesem Werk wurden vom Autor sorgfältig recherchiert und auf den aktuellen Stand gebracht sowie vom Verlag geprüft. Für die Richtigkeit der Angaben kann jedoch keinerlei Haftung übernommen werden.
Für Hinweise und Anregungen sind wir jederzeit dankbar.
Bitte richten Sie diese an:

Christian Verlag
Postfach 400209
80702 München
E-Mail: lektorat@verlagshaus.de

Bildnachweis:
Alle Fotos Friedrich Strauß, außer
Seite 12/13: GBA, Fotograf: Perdereau
Seite 71: GBA, Fotograf: Engelhardt
Seite 79: GBA, Fotograf: Bolton
Seite 92 rechts oben: GBA, Fotograf NouN
Seite 94 rechts oben: GBA, Fotograf: Didillon
Seite 130/131: GBA, Fotograf: Wothe
Schmuckvignetten: © Christine Krahl – Fotolia.com

Sommerglück im Garten

Die schönsten Deko-Ideen für draußen

Friedrich Strauß

CHRISTIAN

Inhalt

Entspannen im Grünen 10

Ein Garten für die Sinne 14
Lichterglanz und Dekolust 32
Wellness im Grünen 50

Der Traum vom Landleben 68

Bauerngärten 70
Frisch gepflückt: Sommersträuße und -kränze 80
Aus eigener Ernte 90

Draußen genießen

Draußen genießen 100
Frühstück! 104
Kaffeeklatsch im Grünen 110
Picknickideen 120
Abendessen unter freiem Himmel 124

Sommervergnügen

Sommervergnügen 132
Grillen an lauen Sommerabenden 134
Einladung zum Sommerfest 144
Mit Kindern im Garten 158

Register 164

Entspannen im Grünen

Wie schön wäre es, wenn man ihn festhalten könnte, den Sommer, und immer so leben wie in diesen verzauberten vier Monaten zwischen Juni und September.

Es muss nicht immer das Wellness-Hotel sein – auch auf der blühenden Sommerwiese lässt es sich erstklassig entspannen.

Eine Kletterrose verdeckt unschöne Mauern und verwandelt den Garten in eine romantische Oase – wie aus einem Roman von Jane Austen entsprungen.

Langsam werden die Tage länger, und wer abends von der Arbeit nach Hause kommt, ist nicht mehr von drückender Dunkelheit umgeben. Der Wintermantel kann endlich in den Keller verbannt werden, das Fahrrad wird für die neue Saison aufpoliert, und die Ungestümen wagen sich sogar schon barfuß aus dem Haus. In der Luft hängt eine Vorfreude auf die kommende Jahreszeit, die Grillabende bei Kerzenschein, Heuduft und Picknickausflüge mit sich bringt. Im Sommer ist die ganze Welt ein Garten für die Sinne. Unerschöpflich erfüllen süße Aromen die Luft und leuchtende Farben ziehen uns in ihren Bann. Überall sprießt und blüht es, und diese zauberhafte Pflanzenvielfalt bietet uns Inspiration und Erholung. Eine Auszeit in dieser grünen Oase wirkt wie ein Zaubermittel gegen alle Sorgen.

Eine verführerisch duftende Rosensorte ist die englische Duftrose 'Gertrude Jekyll'.

Sich Gutes tun ist keine Kunst, es muss auch kein Luxus sein. Wenn die Hängematte sich sanft hin und her wiegt und eine erste sommerliche Brise durch die Blüten des Apfelbaums weht, lässt sich der Alltag vergessen. Die blühende Wiese duftet nach Sommer, die Sonnenstrahlen wärmen und schon füllen sich die Energiespeicher wie von allein. Die Natur ist ein unerschöpflicher Kraftspeicher: Hier gibt es Kräuter und Pflanzen, die Krankheiten heilen, Tees, die angespannte Nerven beruhigen, und duftende Blüten in zauberhaften Gärten, die unsere Seele streicheln. Gutes steckt also in all dem, was uns der Garten präsentiert, vom zarten, weißen Maiglöckchen über imposante Rittersporne bis zum prächtigen Rosenstrauch.

Der Sommer verführt dazu, wie eine Biene dem betörenden Duft der Blüten zu folgen und sich mit allen Sinnen auf den Garten einzulassen. Jede Blumenwiese bietet Wohlbefinden, tiefe Zufriedenheit und körperliche Gesundheit. Gegen einen rauchenden Kopf und ein nervös klopfendes Herz gibt es kein besseres Heilmittel als barfuß über eine Wiese zu laufen und das kitzelnde Gras zwischen den Zehen zu spüren. An der frischen Luft, während ein leichter Wind um die Nase weht und in den Bäumen die Vögel singen, hat man plötzlich das Gefühl, dass Sorgen und Kummer nur noch eine Nebenrolle spielen und dass die Dinge, die wirklich wichtig sind, so einfach zu erreichen sind wie ein Spaziergang im Grünen. So vermag die Natur die Welt immer wieder in die rechte Perspektive zu rücken. Die Natur steckt eben voller Leben, Überschwang und Kraft – und sie gibt uns gern und vollkommen eigennützig davon ab.

Unten blüht der Löwenzahn und oben scheint die Sonne – was braucht es mehr für einen perfekten Tag?

Duftende Blüten und Heilpflanzen sind eine Wohltat für die Sinne und wirken beruhigend.

Ein Garten für die Sinne

Duftende Rosen und aromatische Kräuter gehören in jeden Garten!

ROSENKUGEL

Für diese duftige Rosenblütendeko benötigen Sie nur eine kugelförmige Steckmasse vom Floristen und einige Rosenblüten. Auch abgebrochene Blüten eignen sich dafür, da Sie für das Gesteck die Stiele sowieso einkürzen müssen. Weichen Sie einfach die Steckmasse in Wasser ein und stecken Sie die Rosen dicht aneinander hinein. Wenn Sie die Steckmasse regelmäßig befeuchten, hält das Gesteck etwa zehn Tage.

Viele Rosensträucher sind ausdauernde Blüher, sodass man sich problemlos ein paar schöne Exemplare für die Vase abschneiden kann.

Fast zu schön, um ihr auf der Bank den Rücken zuzukehren, blüht die Kleinstrauchrose Bonica den ganzen Sommer über unermüdlich. Sie verzückt mit vollen Blüten und ihrem pflegeleichten Charakter.

Eine Rose ist eine Rose ist eine Rose – trotzdem sind nicht alle Rosen gleich, und jede Art hat ihren eigenen Charme. Wenn man seinen Garten gut plant, blüht es vom Frühling bis zum ersten Frost durchgehend in den Beeten. Viele Rosensträucher sind ausdauernde Blüher und machen über viele Monate Freude mit ihren duftenden Blüten. Bei einem Rosenstrauch in voller Blüte kann man sich deshalb auch problemlos einige Blüten abschneiden. Überlegen Sie sich am besten schon vor dem Abschneiden, in welche Vase Sie den Strauß stellen möchten. So wissen Sie, wie viele Blüten Sie ungefähr benötigen. Auch kleine Veränderungen können altbekannte Winkel des Gartens in einem neuen Licht erscheinen lassen. Gerade wer nur einen kleinen Garten hat, sollte den Platz optimal nutzen. Da lohnt es sich, auch höherwachsende Pflanzen auszuwählen und beispielsweise mit einer Kletterrose eine triste Hauswand zu begrünen.

Schön ist die Rose, schöner scheint sie noch durch jenen süßen Duft, der in ihr lebt.

William Shakespeare

ROSENGELEE

Zutaten

15 Rosen, verwendet werden nur die Blütenblätter

750 ml Wasser

250 ml Rot- oder Roséwein

3 Zitronen

1 kg Gelierzucker

Auch nach der Rosenblüte lässt sich mit Rosengelee der Duft der Blüten in Erinnerung rufen.

1. Lassen Sie die Blütenblätter von 15 Rosenblüten mit 750 ml Wasser, 250 ml Rot- oder Roséwein, und dem Saft von drei Zitronen über Nacht ziehen.
2. Am nächsten Tag kochen Sie die Mischung auf, gießen sie durch ein Sieb und kochen Sie dann mit 1 kg Gelierzucker noch einmal für etwa fünf Minuten.
3. Anschließend das Gelee in Gläser füllen und fest verschließen.

ROSENSIRUP

Zutaten für Rosensirup

1 l Wasser

1 kg Zucker

1 l Rosenblüten (ungespritzt, am besten von einer stark duftenden Sorte)

1 EL Zitronensäure

2 ungespritzte Zitronen

Zum Verfeinern von Sekt oder für eine Rosenbowle – Rosensirup ist vielseitig einsetzbar!

1. Wasser und Zucker aufkochen, bis der Zucker vollständig gelöst ist. Das Zuckerwasser abkühlen lassen.
2. Die Zitronen in Scheiben schneiden. Die Rosenblütenblätter zusammen mit den Zitronenscheiben und der Zitronensäure in eine Glasschüssel geben und mit dem Zuckerwasser übergießen.
3. Mit einem Geschirrtuch abdecken und eine Woche an einem kühlen Standort ziehen lassen. Durch einen Kaffeefilter in festverschließbare Flaschen abfüllen.

Der Brite David Austin züchtet duftende englische Rosen. Vorausgesetzt der Standort ist nicht zu sonnig, blüht die Sorte 'Sharifa Asma' ausdauernd und duftet fruchtig nach weißen Trauben.

Kleine Veränderungen können altbekannte Winkel des Gartens in einem neuen Licht erscheinen lassen. Die Blüten in der pinkfarbenen Glasflasche lassen sich mit einem Band oder ein bisschen Draht einfach am Zaun aufhängen und ziehen die Blicke auf sich.

EIN ROSEN-VERGISSMEINNICHT-GESTECK

Zartrosafarbene Rosen bilden mit den blauen Blüten des Vergissmeinnichts ein schönes Ensemble. In vielen Sprachen trägt die Pflanze den Namen »Vergissmeinnicht« und soll die Liebe in Erinnerung bringen. Für das Gesteck benötigen Sie Edelrosen, Vergissmeinnicht, Maiglöckchen, einen Steckschwamm, ein Messer und eine Jardiniere.

Schneiden Sie den Steckschwamm mit dem Messer so zurecht, dass er in das Gefäß passt. Weichen Sie ihn dann einige Minuten in Wasser ein. Beim Einstecken der Blüten dürfen Sie sich kreativ austoben. Stecken Sie die Blüten möglichst tief und dicht aneinander in den Schwamm bis ein kompaktes Gesteck entsteht. Das Gesteck hält etwa eine Woche, sofern Sie es regelmäßig anfeuchten.

Der selbstgebaute Sicht- und Sonnenschutz ist ideal, um sich vor ungewollten Blicken zu schützen und es sich im Garten richtig gemütlich zu machen. Im Schutz der Schlaufenschals lassen sich der weiße Enzianbaum, Jasmin und Fächerblume in Ruhe genießen.

Schaukeln macht nicht nur kleinen Kindern viel Freude. Wer eine Schaukel für »ausgewachsene Kindsköpfe« am Baum aufhängen will, sollte aber das Gewicht nicht unterschätzen, welches die Schaukel in der Bewegung aushalten muss.

ANLEITUNG FÜR EINEN SICHTSCHUTZ

Der bepflanzte Sichtschutz auf Rollen ist flexibel überall dort einsetzbar, wo man sich in Ruhe niederlassen möchte.

1. Die selbstgebaute Rankhilfe besteht aus einem großen Pflanzenkasten auf Rollen und einer Rahmenkonstruktion aus Holz oder Metall, die unten im Pflanzkasten fixiert wird. Ein Seil mit etwa 10 m Länge wird zunächst senkrecht gespannt.

2. Das Seil muss das Gewicht der Pflanzen gut tragen können, deshalb eignen sich besonders Draht- oder Stahlseile aus dem Garten Center als Rankhilfe. Wenn das Seil sowohl senkrecht als auch waagerecht stramm gespannt ist, können Sie den Kasten mit Erde füllen. Um Staunässe zu vermeiden, verteilen Sie vorher Tonscherben oder Kieselsteine auf dem Boden.

3. Nun können Sie den Kasten bepflanzen. Die Prunkwinde eignet sich wegen ihrer rasanten Kletterkunst gut für ungeduldige Gärtner. Ihre Blüten leuchten in Rot und Himmelblau mit einem weißen Schlund in der Mitte und sie kann leicht eine Höhe von bis zu 3 m erreichen. Prunkwinden lieben einen sonnigen und windgeschützten Standort. Etwas weniger anspruchsvoll – und dabei sogar essbar – ist die Kapuzinerkresse.
Setzen Sie die Töpfe leicht schräg in die Erde, so dass die Pflanzen nahe an den Seilen sind.

4. Entfernen Sie die kleinen Bambusstäbe, die der Pflanze im Topf Halt geben, jedoch noch nicht. Erst wenn die Pflanzen etwas gewachsen sind und auch die Seile als Rankhilfe genutzt werden, können Sie die Stäbe vorsichtig herausziehen.

5. Gießen Sie die Pflanzen regelmäßig, damit der Boden nie völlig austrocknet, vermeiden Sie aber Staunässe. Bei falscher Pflege fällt die Blüte sonst enttäuschend aus.

Bitte nicht stören! Keine neugierigen Blicke dringen durch die Ranken der Prunkwinde. Mit dem mobilen Sichtschutz lässt sich so manche ruhige Stunde auf der Terrasse genießen.

Estragon, Lavendel, Majoran oder Currykraut – das Arrangement in mediterranen Tontöpfen hat den Vorteil, dass man die Kräuter im Winter ins Haus holen kann. Es lohnt sich auch, die frischen Kräuter für die spätere Verwendung in der Küche zu trocknen, so hat man sie immer griffbereit.

Seit Jahrtausenden benutzen die Menschen Heilkräuter für medizinische Zwecke oder um Unheil abzuwenden. Die aromatischen Gewächse bereichern den Garten mit zauberhaftem Duft, interessanten Strukturen und zarten Blüten. Wer gerne kocht, kann sich mit Lavendel, Salbei, Zitronenthymian und anderen Kräutern aus eigenem Anbau den Geschmack des Südens direkt in die Küche holen. Was liegt also näher, als selbst Kräuter im Garten oder in Töpfen anzubauen? Mit klassischen Terracottagefäßen schaffen Sie schnell ein mediterranes Ambiente auf der Terrasse. Doch auch alte Wein- und Gemüsekisten, Weidenkörbe oder Zinkeimer oder -wannen haben für den Anbau von Kräutern die richtige Größe und sehen dekorativ aus.

Viel schöner als einfache Plastik- oder Holzschilder geben die selbstbeschrifteten Steine Auskunft über die Pflanzen des Kräutergartens. Dafür beschriften Sie die Steine mit einem Porzellan-Lackstift und brennen die Schrift im Backofen ein.

STRAUSS MIT BLAUEN KUGELDISTELN

Einen exotischen Anblick bringt die leuchtend blaue Kugeldistel ins Beet. Sie wächst bis zu einem Meter hoch und kommt auch mit trockenem Boden zurecht. Im Strauß mit pinken Flammenblumen, blauem Borretsch und duftenden Kräutern sorgt sie für ein schönes Formen- und Farbenspiel. Sie benötigen verschiedene Blüten, eine Schere und Bast zum Zusammenbinden. Von der Mitte des Straußes ausgehend, legen Sie eine Blüte nach der anderen aneinander. Verteilen Sie die Blüten so, dass sich ein ausgewogenes Bild ergibt. Nachdem Sie den Strauß mit Bast zusammengebunden haben, können Sie die Stiele auf die richtige Länge einkürzen.

Man könnte sein ganzes Leben nach der vollkommenen Blüte suchen und es wäre kein verschwendetes Leben.

Rund 30 unterschiedliche Arten der Minze gibt es, doch alle verströmen den typischen Duft der Heilpflanze.

Lavendel satt! Wer von der duftenden und intensiv-farbigen Pflanze nicht genug bekommen kann, der sollte sich eine ganze Hecke aus Lavendel pflanzen. Das sieht nicht nur wunderschön aus, es hält auch die Blattläuse von den angrenzenden Stauden fern.

Alten Geräten kann man im Garten neues Leben einhauchen. Die betagte Eisentreppe eignet sich zum Beispiel als Pflanzentreppe für Küchenkräuter. So bekommen Thymian, Salbei, Oregano und Hornveilchen ausreichend Sonne und stehlen sich gegenseitig nicht die Show. In mediterranen Tontöpfen kommt jede Pflanze auf den einzelnen Stufen zur Geltung.

ANLEITUNG: LAVENDEL-SÄCKCHEN

Viele erinnert der Duft von Lavendel an einen Urlaub in Südfrankreich. In der Provence kann man an großen Feldern voll der lila Blüten entlangfahren, die unter anderem für die Parfümherstellung angebaut werden. Doch der beruhigende Duft von Lavendel ist nicht jedermanns Sache. Mücken und Motten lieben den Geruch gar nicht und halten sich von der Heilpflanze fern. Diese Eigenschaft lässt sich raffiniert ausnutzen: Mit einem Lavendel-Duftsäckchen oder einem Lavendelkranz im Kleiderschrank sind die Lieblingskleider vor lästigen Angreifern geschützt. Und die natürliche Mottenabwehr duftet wesentlich besser als Mottenkugeln!

1. Duftsäckchen mit Lavendel sind schnell gemacht und lassen sich leicht an den unterschiedlichsten Orten unterbringen. Dafür werden getrocknete Lavendelblüten verwendet. Am besten pflücken Sie voll entfaltete Blüten, die dann zum Trocknen eine Woche lang an einem trockenen Ort kopfüber aufgehängt werden.

2. Reiben Sie über dem Tisch den getrockneten Lavendel zwischen den Fingern, um die Blüten von den Stielen zu lösen. Das geht besonders einfach, wenn die Blüten vor dem Pflücken voll entfaltet waren. Die Stiele werden nicht mehr benötigt, die Blüten sammeln Sie auf einem kleinen Haufen.

3. Füllen Sie nun die losen Lavendelblüten in kleine Säckchen. Hierfür können Sie entweder große Teebeutel aus dem Drogeriemarkt verwenden oder selbst genähte Säckchen. Als Material hierfür eignen sich besonders Baumwolle und Leinen, die den Duft gut nach außen dringen lassen.

4. Wenn das Säckchen mit Lavendelblüten gefüllt ist, können sie es zunähen und ein Band zum Aufhängen daran befestigt. Übrigens brauchen Sie bei der Form Ihrer Duftsäckchen ihrer Fantasie keine Grenzen zu setzen. Auch runde oder dreieckige Säckchen sehen schön aus und sind einfach zu nähen.

5. Alternativ können Sie den Lavendel auch zu einem Kranz binden. Dafür wickeln Sie Lavendelblüten auf einen Ring aus Draht. Den fertigen Kranz können Sie mit einem Band direkt an den Kleiderbügel hängen. Im Kleiderschrank sind die schönen Blüten zwar nicht mehr zu sehen – dafür geben sie ihren aromatischen Duft aber an ihre Kleider weiter und schützen sie so vor Mottenlöchern.

Ob für den romantischen Abend zu zweit oder beim Grillen mit Freunden: Kerzenschein gehört zu einem Abend im Freien einfach dazu.

Lichterglanz und Dekolust

Lassen Sie Ihrer Lust am Dekorieren freien Lauf

Maiglöckchen wachsen gern im Halbschatten unter Bäumen und Sträuchern, wo sie sich schnell ausbreiten und einen schönen, dichten Teppich bilden.

Mit seinen weißen Glockenblüten läutet das duftende Maiglöckchen den Frühsommer ein.

DEKORATIONEN MIT MAIGLÖCKCHEN

Kleine Sträuße aus Maiglöckchenblüten und -blättern lassen sich schnell mit Nadeln an der Tischdecke feststecken und bilden eine schöne Dekoration.

Alternativ können Sie mit einem Kranzrohling, Wickeldraht und Maiglöckchenblüten einen herrlichen Kranz basteln, der Stuhllehnen, Fenster oder Türen verschönert. Anstelle des fertigen Rohlings können Sie aus Floristendraht auch selbst einen Kreis oder ein Herz formen. Dann binden Sie mit dem Wickeldraht die Blüten überlappend daran, bis vom Draht nichts mehr zu sehen ist.

Aber Vorsicht! Wenn Kinder bei Ihrer Feier dabei sind, sollten Sie besser auf Maiglöckchen verzichten, denn die lieblich duftenden Pflanzen sind giftig!

MAIGLÖCKCHEN-STRAUSS

Leider fangen Maiglöckchenblüten nach dem Pflücken schnell an zu welken. Um sie länger frisch zu halten, kann man sie in ein mit Wasser gefülltes Blumenröhrchen stecken. Wenn Sie das Röhrchen mit einem Maiglöckchenblatt umwickeln, ist es nicht mehr zu sehen.

WASSERSPIEL FÜR DIE TERRASSE

Zusammen mit ein paar alten Zinkwannen bildet der Krug ein abwechslungsreiches Wasserspiel. In den Wannen wächst Kalmus-Gras und ringsum blühen Leberbalsam, Staudenmännertreu und Calla. Übrigens soll nach altem Aberglauben das Geräusch von plätscherndem Wasser Reichtum bewirken.

Kein Platz für einen Teich oder kleine Kinder im Haus? Mini-Teiche auf der Terrasse in Tongefäßen oder Zinkwannen sind eine schöne Alternative zum großen Garteneich. Geeignete Wasserpflanzen sind beispielsweise Hechtkraut, Blutweiderich, Froschlöffel, Zwergbinse und Tannenwedel. Schwimmkerzen zaubern zusätzlich eine romantische Stimmung.

Blau-weißes Farbenspiel, Muscheln, Sand und Seesterne – fast schon kann man die Meeresbrise in der Luft riechen. An einem solchen Abend lässt sich bei einer Flasche Wein wunderbar mit Freunden Seemannsgarn spinnen.

Die maritime Tischdekoration weckt Erinnerungen an den letzten Urlaub am Meer. Mit den gesammelten Urlaubsandenken kann man wunderbar dekorieren. Kleben Sie zum Beispiel weiße Muscheln an einen Kranz aus dem Bastelladen und hängen Sie den fertigen Muschelkranz an die Stuhllehne. Aufgehängt an einem Seemannsseil ist die Assoziation perfekt. Und alte Marmeladengläser, mit Kerzen und Muscheln bestückt und mit Goldleistengras umwickelt, tauchen die Terrasse in romantisches Licht.

Hauchdünn sind die Blütenblätter der Hortensie im Inneren des Windlichts. Im Glas können sie nicht davongeweht werden und geben dem Windlicht ein bisschen Farbe. Auch andere Blüten lassen sich für den Windlicht-Schmuck verwenden.

Wenn Sie die zarten Blüten auf einen Draht aufziehen, kann auch eine sanfte Abendbrise Sie nicht davonwehen.

Viel mehr als Kerzenschein braucht es nicht, um feierliche Stimmung zu erzeugen. Zusammen mit Margeriten, Efeu, Berufskraut und Elfenspiegel wirkt die Terrasse abends geradezu festlich.

Laue Sommerabende bei Kerzenschein –
was gibt es Schöneres?

TISCHDEKO MIT ROSEN

Romantik liegt in der Luft. Mit ihrem intensiven Rot lässt die englische Duftrose verliebte Herzen höher schlagen. Ihre Blütenblätter verbreiten einen verführerischen Duft. Kleine Sträuße mit Frauenmantelblüten und ein paar lose verstreute Rosenblütenblätter verwandeln den Tisch in eine wunderschöne Landschaft.

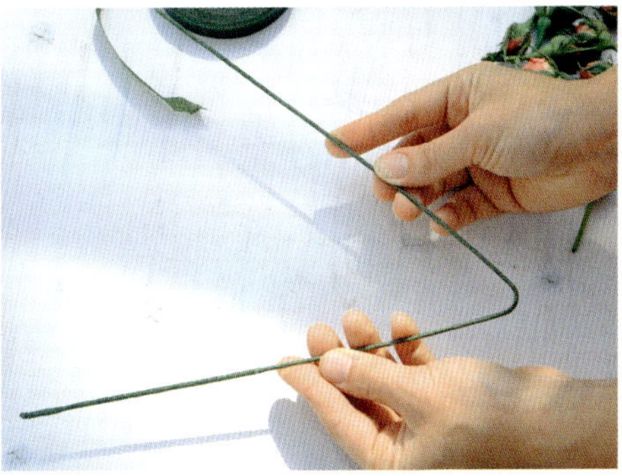

ANLEITUNG FÜR EIN ROSEN-FRAUENMANTEL-HERZ

Sie benötigen Rosen und Frauenmantel, Floristendraht, eine Schere und grünen Krepp. Schneiden Sie zunächst soviel vom Floristendraht ab, wie Sie für die Herzform in der gewünschten Größe benötigen. Umwickeln Sie den Draht mit dem grünen Krepp so fest, dass der Krepp später nicht verrutscht, und biegen Sie den Draht dann in Herzform. Binden Sie die beiden Enden in der Mitte zusammen und korrigieren Sie Unebenheiten in der Form. Benutzen Sie feinen Draht, um die Blüten auf die Herzform zu wickeln. Wickeln Sie die Blumen so dicht, dass vom Draht nichts mehr zu sehen ist, die Herzform aber gut erkennbar bleibt.

TOPF FÜR DRINNEN UND DRAUSSEN

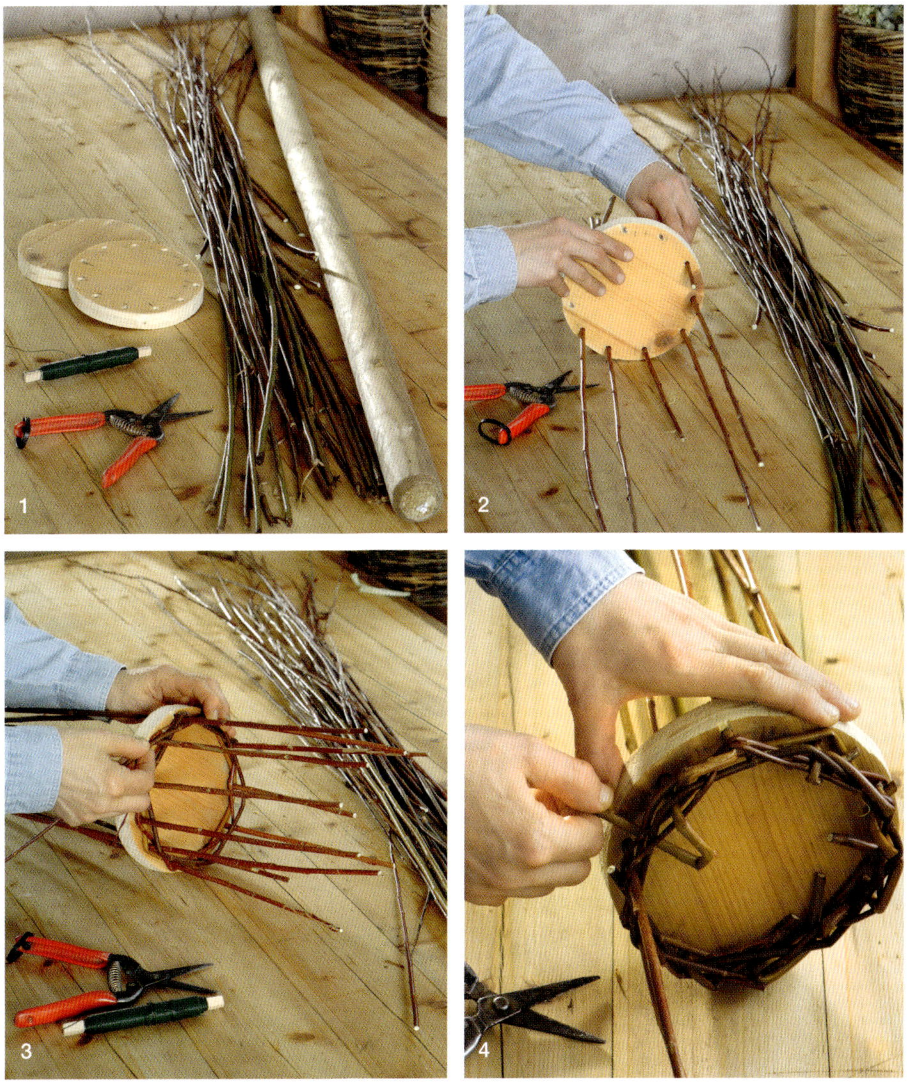

Das Besondere an Weidenkörben ist die Einzigartigkeit jedes fertigen Stücks. Es macht also gar nichts, wenn Ihr Korb etwas ungleichmäßig wird, denn gerade das macht den Charme dieses Handwerks aus.

1. Für den selbstgemachten Korb brauchen Sie ein rund ausgesägtes Stück Holz, Weidenzweige, eine Schere und Wickeldraht.

2. Das runde Stück Holz dient als Boden des Korbs. Bohren Sie entlang seines Rands in gleichmäßigen Abständen Löcher durch das Holz und stecken Sie einzelne Weidenzweige durch diese. Lassen Sie die Zweige am unteren Ende etwa 10 cm herausstehen, am oberen Ende sollten sie ebenfalls etwa 10 cm länger sein als der geplante obere Rand des Korbs.

3. Nun können Sie anfangen, ein paar Weidenzweige um diese Streben zu flechten, zunächst an der Unterseite des Korbs, denn diese soll zuerst stabilisiert werden. Biegen Sie das weiche Holz der Weide um die Haltezweige hin und her, bis die Streben einigermaßen fixiert sind.

4. Sobald die Streben des Korbs durch die geflochtenen Zweige fest sitzen, können

5

6

Sie den Boden stabilisieren: Biegen Sie die unten herausstehenden Zweige um, stecken Sie sie durch das Flechtwerk und flechten Sie die Enden mit ein. So kann später der Boden des Korbs nicht herausbrechen. Achten Sie aber auch darauf, dass der Korb sicher steht.

7

5. Am oberen Ende des Korbs flechten Sie als nächstes einen Kranz aus Zweigen ein, den Sie mit Wickeldraht festbinden. Denken Sie daran, die Streben am oberen Rand einige cm herausstehen zu lassen. Sie werden zum Schluss in den Korb eingeflochten und geben ihm zusätzliche Stabilität. Keine Angst vor Unebenheiten, ein Korb ist Kunsthandwerk und keine Fabrikware!

6. Was Sie nun vor sich sehen, nennt man einen Korbrohling, sozusagen das Skelett eines Korbs. Im nächsten Schritt werden Weidenzweige in diesen Rohling eingeflochten, immer hin und her zwischen den einzelnen Streben; der eigentliche Korb entsteht. Wenn Sie einen recht stabilen Korb flechten möchten, drücken Sie die Zweige beim Einflechten immer wieder eng aneinander in Richtung des Bodens.

7. Zu guter Letzt werden die herausstehenden Enden in den Korb eingearbeitet. Biegen Sie die Enden dafür einfach herum und stecken Sie sie in das entstandene Flechtwerk hinein. Ob für Blumen auf der Anrichte oder als Obstkorb auf dem Küchentisch, Ihrer Fantasie für die Verwendung des Korbs sind keine Grenzen gesetzt. Das widerstandsfähige Weidenholz kann auch im Garten aufgestellt werden, denn es hält jedem Wetter stand …

8. … zum Beispiel als Blumenkorb auf einem Pfahl, der Geranien zu einem echten Hingucker macht. Dazu benötigen Sie einen stabilen Holzpfahl, der mit einem Hammer in die Erde geschlagen wird. Damit die Konstruktion Wind und Wetter standhält, sollten Sie den Pfahl ein gutes Stück weit in den Boden schlagen, bis er ganz fest sitzt.

9. Als nächstes schrauben Sie einfach den Weidenkorb mit dem Holzboden am oberen Ende des Pfahls fest.

1

2

3

ANLEITUNG FÜR SONNIGE TEELICHTERHALTER

Sie benötigen für die Sonnenblumen-Teelicht-Dekoration einige verblühte Sonnenblumenköpfe, ein kleines Messer und ein (am besten sonnengelbes) Teelicht mit Aluhalterung.

1. Nehmen Sie das Teelicht aus seiner Aluhalterung und markieren Sie mit der Halterung die Stelle, an der das Teelicht sitzen soll.

2. Nun können Sie die vormarkierte Form mit einem kleinen Messer aus der Blüte schneiden.

3. Setzen Sie das Teelicht in die Sonnenblumenblüte. Schwimmend in einer Schale mit Wasser ist das ganz ungefährlich und eine ungewöhnliche Dekorationsidee für Ihre nächste Gartenparty.

BLÜTENKRÄNZCHEN

Ein einfaches Windlicht lässt sich mit diesem Blütenkranz aus Nigella-, Dill- und Frauenmantelblüten in einen kleinen Sommernachtstraum verwandeln.
Binden Sie die Blüten abwechselnd mit Wickeldraht an einem Stück festeren Floristendraht fest und formen Sie daraus einen Kranz in der benötigten Größe.

Wellness im Grünen

Anregungen für entspannende Stunden

Viele der Blüten, die heute als Zierpflanzen in unseren Gärten wachsen, wurden ursprünglich wegen ihrer heilenden Wirkung gezüchtet.

Eine duftende Lavendelseife lässt sich ganz einfach selbst herstellen. Sie benötigen dafür nur Kernseife und getrocknete, von den Stielen gelöste Lavendelblüten. Erweichen Sie die Seife bei niedriger Temperatur und vermischen Sie sie mit den Blüten. Anschließend wieder erhärten lassen.

Über viele Generationen wird das Wissen über die Heilkräfte unterschiedlicher Pflanzen weitergegeben und bewahrt. Viele der Blüten, die heute als Zierpflanzen in unseren Gärten wachsen, wurden ursprünglich wegen ihrer heilenden Wirkung gezüchtet. Kamille wird seit uralten Zeiten als Heilmittel genutzt und wirkt gegen viele Beschwerden von Magenschmerzen bis zu Entzündungen. Malven werden gerne in der Kosmetik verwendet, denn sie machen die Haut weich und geschmeidig. Beinwell wird, wie sein Name verrät, traditionell gerne bei offenen Wunden, Prellungen und Knochenbrüchen angewendet. Der Rote Sonnenhut wurde bereits von den Indianern gegen Atemwegsbeschwerden genutzt und ist heute in vielen Arzneimitteln zur Stärkung des Immunsystems enthalten. Und aus den getrockneten Blüten der Lavendelpflanze lässt sich so viel Gutes machen, dass man am besten immer einen Vorrat im Haus hat. Die aromatisch duftenden Bäder und Tees wirken beruhigend und im Kleiderschrank vertreiben die Blüten unwillkommene Motten.

LAVENDELSEIFE

Um kleinere Seifenstücke herzustellen, die Sie auch verschenken können, füllen Sie die weiche Mischung in Eiswürfelbehälter und lassen sie darin erhärten.

ANLEITUNG FÜR WELLNESSKRANZ

Die sonnengelbe Färberkamille gibt ihre Farbe gern an unterschiedliche Materialien ab. Traditionell werden ihre Blüten zum Färben von Textilien verwendet, denen sie einen tief goldgelben Ton verleiht. Doch ihre wunderbar sonnige Farbe ist so fröhlich, dass sie auch die Stimmung zu heben vermag.

Für einen Wellnesskranz aus Färberkamille, Schafgarbe, Frauenmantel und Dill binden Sie die Blüten mit Wickeldraht auf einen Kranzrohling, den Sie im Fachhandel bekommen oder aus Draht selbst biegen können. Wickeldraht wird in unterschiedlichen Farben angeboten. Am besten wählen Sie für den hellen Kranz einen hellgrünen Farbton, dann ist er später zwischen den Blüten fast nicht mehr zu sehen, besonders, wenn Sie die Blüten möglichst dicht aneinander setzen. Der Kranz ist ein wunderbarer Schmuck für eine Schale mit Schwimmkerzen.

Die meisten Menschen haben wie die Pflanzen geheime Eigenschaften, die man erst durch Zufall aufdeckt.

François de La Rochefoucauld

Auch mit geschlossenen Augen lassen sich viele dieser Pflanzen erkennen – an ihrem Duft. Neben Ringelblumen und Echinacea gehören auch Kamille, Salbei, Minze und Zitronenmelisse zu dem Ensemble aus Heilpflanzen und Teekräutern. Die duftenden Gewächse sind vielseitig einsetzbar und dabei auch wunderschön anzuschauen.

Nach diesem Fußbad wird einen so schnell nichts aus der Ruhe bringen. Füllen Sie eine breite Schüssel mit warmem Wasser und lösen Sie Meersalz darin auf. Geben Sie dann Lavendelblüten dazu und lassen Sie Ihre Füße in das Wellnessbad.

KAMILLE

Ursprünglich stammt die Arzneipflanze aus dem östlichen Mittelmeerraum, mittlerweile wird sie in vielen Ländern der Welt angebaut. Die 50-80 cm hohen Pflanzen blühen zwischen Mai und September. Kamille ist ein Zaubergewächs, von dem man eigentlich nie zu viel haben kann. Wer das Glück hat, einen ganzen Wäschekorb der Blüten ernten zu können, kann daraus Duftsäckchen, Tees, Bäder und andere wohltuende Mittel herstellen. Außerdem sehen die Blüten in Kränzen und Gestecken wunderschön aus und verbreiten den typischen Kamille-Duft.

KAMILLENTEE

Zwei Teelöffel Kamillenblüten mit heißem Wasser überbrüht ergeben eine Tasse Kamillentee, der bei Entzündungen ebenso hilft wie bei Magenschmerzen. Lassen Sie den Tee 5-10 Minuten ziehen und genießen Sie seine beruhigende Wirkung.

RINGELBLUMENSALBE SELBSTGEMACHT

Wer natürliche Salben und Heilmittel selbst herstellt, der weiß, was sie enthalten und erlebt keine bösen Überraschungen. Ringelblumensalbe kennt heute fast jeder, und das aus gutem Grund: Sie wirkt gegen vielerlei Hautbeschwerden wie Entzündungen, Sonnenbrand und Ausschläge, und das mit rein natürlichen Inhaltstoffen.

1. Für die Salbe benötigen Sie Vaseline und frisch gepflückte Ringelblumen. Frühmorgens, wenn sich die Blüte der Ringelblume gerade geöffnet hat, ist der beste Zeitpunkt, sie zu ernten. Dann ist der Gehalt ihrer heilenden Inhaltsstoffe am höchsten.

RINGELBLUMEN (CALENDULA)

Eine alte Bauernregel sagt: Wenn die Ringelblume vor sieben Uhr morgens ihre Blüte öffnet, wird der Tag sonnig. Die fröhlichen Blüten in leuchtendem Gelb-Orange sind ein Blickfang im Garten, verschönern jeden Blumenstrauß und lassen sich zu heilenden Salben verarbeiten. Ihren Namen hat die Ringelblume wegen ihrer gekrümmten oder geringelten Samen, die sich an vorbeilaufende Tiere haften und so verbreiten. Ringelblumen wachsen schnell und blühen fleißig – in freier Wildbahn, aber auch im eigenen Beet und sogar im Balkonkasten. Bei der Verarbeitung von Ringelblumen zu Öl oder Salben werden oft nur die Blütenblätter verwendet. Zupfen Sie dafür die Blütenblätter, legen Sie diese auf ein Tablett und stellen es in die Sonne.

2. Geben Sie die Vaseline in eine Edelstahlschüssel und erwärmen Sie sie auf dem Herd. Erhitzen Sie die Vaseline nicht zu stark, sie sollte ungefähr handwarm sein. So wird sie flüssig genug, um die Wirkstoffe der Ringelblumen-Blüten aufnehmen zu können. Sobald die Vaseline geschmolzen ist, können Sie die Blüten der Ringelblume hinzugeben. Lassen Sie die Masse auf der kleinsten Temperaturstufe des Herdes mindestens 15 Minuten ziehen.

3. Nun können Sie die noch flüssige Mischung durch ein großes Sieb abseihen. Die Blüten bleiben im Sieb hängen, während ihre heilenden Inhaltsstoffe und auch ihre Farbe von der Vaseline aufgenommen worden sind. Füllen Sie die noch flüssige Salbe in einen verschließbaren Glasbehälter, in dem sie auskühlen und fest werden kann. Wenn Sie möchten, können Sie auch noch einige Tropfen Melissenöl hinzufügen, das eine erfrischende Wirkung hat.

Fertig ist die Notfallsalbe für Verletzungen und Ausschläge. Kühl gelagert ist die selbstgemachte Ringelblumensalbe mindestens ein Jahr haltbar.

Von Kopf bis Fuß auf Wellness eingestellt: Mit einem erholsamen Fußbad atmen beanspruchte Füße wieder auf. Die pflegenden und beruhigenden Inhaltstoffe der Ringelblumen sind eine Wohltat. Viel braucht es für das Bad nicht: Füllen Sie einfach eine Wanne mit warmem Wasser und geben Sie frische Ringelblumen oder etwas selbstgemachtes Ringelblumenöl hinein. Zu einer Entspannungskur für den ganzen Körper wird die Anwendung im blühenden Sommergarten, wenn das Summen der Bienen und der Duft von Rosen die Luft erfüllen.

RINGELBLUMENÖL

Für die Herstellung des Öls werden nur die Blütenblätter verwendet. Erwärmen Sie die Blütenblätter mit hochwertigem Öl – gut geeignet sind Sonnenblumen- oder Olivenöl – auf dem Herd. Das Öl nimmt durch die Blüten eine goldgelbe Farbe an. Gießen Sie das fertige Öl nach dem Erwärmen zum Filtern durch ein Sieb. Nun können Sie das Ringelblumenöl in kleine Flaschen abfüllen und verschließen. Verwenden Sie hierfür unbedingt lichtgeschützte Flaschen, um die Wirkstoffe im Öl zu schützen. Mit einem handgeschriebenen Etikett versehen, ist das Öl auch ein heilkräftiges Geschenk.

JOHANNISKRAUT

Um die Zeit der Sommersonnenwende, wenn die Tage so lang sind wie sonst nie, zeigt das Johanniskraut seine goldgelben Blüten. Bereits seit der Antike wird Johanniskraut als Heilmittel für unterschiedliche Zwecke verwendet. In der Schulmedizin ist die Wirkung des Krauts gegen nervöse Unruhe und Depressionen umstritten, als Öl gegen Hexenschuss, Rheuma und andere Beschwerden hingegen wird es weithin verwendet. Legen Sie dafür einfach Johanniskraut-Blüten zwei Monate in Sonnenblumenöl ein und schütteln Sie die Mischung gelegentlich.

Einen Moment innehalten und die Blütenpracht des Sommers genießen – das ist Wellness in seiner reinsten Form. Die Backsteinmauer inmitten des Staudenbeets verführt dazu, die prächtigen Sommerblüten aus der Nähe zu betrachten, hier Roter Sonnenhut, Kugeldistel, Flammenblume, Bartfaden, Duftnessel und Minze.

Wo die weißen Blüten der Taubnessel blühen, hängt ein süßer Duft nach Honig in der Luft. Ihre Blätter ähneln denen der Brennnessel, sind aber völlig harmlos. Im Strauß mit Beinwell bildet sie ein schönes violett-weißes Ensemble.

Halten Sie einen Moment inne, um die Blumen zu bestaunen und dem Summen der Insekten zu lauschen.

LAVENDEL

Der Anblick von Echtem Lavendel weckt Urlaubserinnerungen an die Provence. Dort wird Lavendel in weiten Feldern angebaut und zu Parfüms und Ölen verarbeitet. Seine heilende Wirkung gegen Kreislaufstörungen, Unruhe, Migräne oder Magenschmerzen macht die duftende Heilpflanze zu einem beliebten Hausmittel. Junge Triebe und Blätter verfeinern außerdem Lammfleischgerichte und Desserts. Während der Mensch Lavendel also in jeder Hinsicht schätzt, ergreifen Motten und Mücken bei seinem Geruch die Flucht – was uns nur zugute kommen kann.

LAVENDELSTRAUSS

Der beruhigende Duft von Lavendel kann Ihrem Haus eine wohlige Atmosphäre geben. Pflücken Sie zum Trocknen der Pflanze die ganzen Stiele und streichen Sie zunächst die Blätter ab. Wenn alle Blätter entfernt sind, können Sie die Stiele zu kleinen Sträußen zusammenlegen. Je nachdem, ob Sie später die Sträuße oder nur die getrockneten Blüten verwenden wollen, schneiden Sie als nächstes die Stielenden auf eine Länge, damit sie schön gleichmäßig sind. Binden Sie die Sträuße mit einer Schnur zusammen. Zum Trocknen wählen Sie einen sonnigen, luftig-trockenen Ort, an dem Sie die Sträuße kopfüber einige Wochen hängen lassen. Wenn Sie die intensive Farbe erhalten wollen, können Sie den Strauß mit Haarlack einsprühen.

FRISCH GEERNTETER BEINWELL

Die heilende Wirkung von Beinwell ist schon seit der Antike bekannt. Der in ihm enthaltene Inhaltsstoff Allantoin fördert Zellaufbau und Zellbindung und sorgt damit für schnelle Heilung bei offenen Wunden, Prellungen oder Knochenbrüchen. Die Heilpflanze wächst schnell und üppig und blüht von Mai bis September in zauberhaften violetten oder weißlichen Blüten.

ZITRONENVERBENE

Nicht nur Zitronen duften nach Zitronen – auch die robuste Zitronenverbene verbreitet einen erfrischenden Zitrusduft. Ihre Blätter können frisch oder getrocknet zu Tee aufgebrüht oder wie Spinat gekocht werden, als Gewürz bereichern sie süße und herzhafte Speisen. Auf der Haut verrieben, vertreiben die ätherischen Öle zudem Mücken. Auch getrocknet verbreiten die Blätter der Zitronenverbene noch ihren intensiven Duft. Pflücken Sie zum Trocknen ganze Zweige und hängen Sie sie an einem luftigen Ort auf.

Der Traum vom *Landleben*

Wenn an lauen Sommerabenden das Brummen einer Hummel den Straßenlärm übertönt, dann träumen wir einen schönen Traum: Durch ein kleines, verwunschenes Tor treten wir in den Bauerngarten ein und lassen die Stadt hinter uns.

Inmitten duftender Wiesenblumen verlockt der Tisch zum Picknicken im Grünen, und der Strauß aus Rotem Leimkraut, Kümmel, Zaunwicke und Flockenblumen holt die Wiese auch auf den Tisch.

Ebenso schön wie giftig ist der rote Fingerhut mit seiner Vielzahl zauberhafter Blüten. Als Heilpflanze zur Wundheilung und gegen Herzschwäche hat er eine lange Tradition. In Irland galt er als Zaubermittel gegen den bösen Blick, und seine Blüten sollen der Sage nach Elfen als Kopfbedeckung dienen. Eine Blume voller Geschichten.

Für Kinder kann der Gemüsegarten voller Entdeckungen stecken. Sie können bei allen leichten Arbeiten helfen und nebenher viel über die Natur lernen.

Bauerngärten – Schön und nützlich

Umgeben von einem Zaun aus verwittertem Kastanienholz geben sich Schmuckkörbchen und Ringelblumen, fast vergessene Gemüsesorten oder stattliche Beerensträucher ein Stelldichein. Hier im Bauerngarten herrscht ein Rhythmus, dem die Natur seit Jahrtausenden folgt.

Wenn im März der letzte Raureif noch kahle Zweige bedeckt, beginnt in der Erde bereits neues Leben. Im Gewächshaus sprießen die ersten zarten Pflänzchen, die nach dem Ende des Winters ihre Kinderstuben verlassen und ins Beet ziehen. Nachdem die langerwarteten Narzissen und Tulpen im Frühjahr ihre Köpfe gezeigt haben, läuten im Mai die saftig roten Erdbeeren den Sommer ein, und nun ist das Wachstum kaum in Zaum zu halten. Im Juni tauchen Ringelblumen den Bauerngarten in leuchtendes Orange, später kommen Zinnien und Dahlien hinzu. Bis in den Herbst hinein hält sich ein zauberhaftes Farbenmeer. Verschiedene Obstsorten und Gemüsepflanzen sorgen für einen reich gedeckten Tisch, und mit den richtigen Rezepten und Lagermethoden kann die eigene Ernte der Familie noch die kommenden, kalten Wintermonate versüßen. Bis im nächsten Frühjahr der Kreislauf von neuem beginnt.

Es ist ein Leben, das die Generationen der Familie zusammenbringt, ob beim Blumenpflücken, beim Binden von Kränzen, beim Einkochen von Marmelade oder beim Weitergeben der alten Mythen und Volksweisheiten, die die Pflanzen des Bauerngartens umgeben.

Es ist der Traum vom Landleben.

In der chinesischen Gartenkunst steht die Pfingstrose seit 1000 Jahren als Symbol für Reichtum und Liebe, aber auch in Europa hat sie eine lange Tradition.

ANLEITUNG FÜR DEN BAU EINES INSEKTENHOTELS

In Blumentöpfen können nicht nur Blumen wachsen – sie können auch nützlichen Tieren als Unterschlupf dienen. Suchen Sie sich hierfür ein paar alte Tontöpfe aus und verzieren Sie sie für ihre neue Aufgabe.

1. Fröhliche Punkte in grün passen ins natürliche Gartenbild und geben der Konstruktion ein farbenfrohes Aussehen.

2. Viele vergraben die Nisttöpfe im Boden, allerdings kann das unerwünschte Bewohner anziehen: Ist der Topf im Boden erst einmal feucht geworden, fühlen sich darin meist nur noch Schnecken wohl. Auf einem bunt bemalten Holzpfahl wird aus dem Topf hingegen ein trockenes Penthouse für Hummeln oder Ohrwürmer – und ein schöner Blickfang.

3. Suchen Sie für das Nützlingshotel eine geeignete Stelle im Beet und schlagen Sie dann die bemalten Holzpfähle in die Erde. Wichtig ist, dass die Pfähle fest sitzen und nicht beim nächsten Windstoß umkippen. Die kommenden Untermieter werden sich umso wohler fühlen, je sicherer und geborgener das Nest auf sie wirkt.

4. Stülpen Sie nun den bemalten Tontopf über den Pfahl. Durch das Loch wird später der Topf am Pfahl festgemacht, hierfür benötigen sie eine kleine Holzplatte, die Sie ebenfalls in den Farben des Topfes anmalen. So wird das Nest bei Regen nicht feucht.

5. Befestigen Sie mithilfe der Holzplatte den Topf am oberen Ende des Pfahls, sodass er nicht herunterfallen kann. Schrauben Sie dazu einfach eine lange Schraube durch die Holzplatte und das Loch im Topf in den Pfahl.

6. Damit sich die Tiere wohl in ihrem neuen Nest fühlen, sollten Sie es ein wenig einrichten. Indem Sie Stroh von unten in den Topf stopfen, schaffen Sie eine wichtige Grundlage für den Nestbau von Hummeln oder Ohrwürmern, die es Ihnen durch eifriges Bestäuben Ihrer Blumen oder das Fressen unerwünschter Blattläuse danken werden.

Zwischen den blühenden Sommerblumen sind Vögel eigentlich nicht unerwünscht, deshalb blickt der Strohgeselle vielleicht auch eher freundlich als furchterregend in die Welt.

Überwuchert mit Kapuzinerkresse dient die alte Holzbank heute weniger als Sitzgelegenheit denn als Dekoration für den Bauerngarten. Pflanzen können sich an ihr emporranken und in ihrem Schutz blühen. Wer die verwunschene Atmosphäre in Ruhe genießen will, muss das im Stehen tun oder einen Stuhl mitbringen.

Der Mangold mit seinen leuchtend roten Stiel[e] bringt Spannung ins Beet – und auf den Tell[er]. Den ganzen Sommer über können die Stiele g[e]erntet und wie Spinat zubereitet werde[n].

Wie aus einem enormen Weidenkorb wachsen Zinnien, Flammenblumen und Husarenknöpfchen aus der Beeteinfassung heraus. Am liebsten möchte man den Korb am Henkel greifen und das ganze Beet mitnehmen.

BEETEINFASSUNG AUS WEIDE

Seit uralten Zeiten gibt es das Handwerk des Korbflechtens. Gebogen, geflochten und verknotet erscheinen die Weidenzweige jedes Mal neu. Diese einfache Beeteinfassung lässt Ihrem Garten sein natürliches Gesicht und bringt Struktur und Kunsthandwerk ins Grün.

1. Die Zutaten für die Beeteinfassung sind Weidenzweige, Wickeldraht, eine gute Gartenschere – und eine Prise Experimentierfreude.

2. Frische Weidenzweige können sofort verarbeitet werden, trockene sollten vorher in Wasser eingeweicht werden, damit sie biegsam werden. Nach einigen Stunden können Sie mit den Zweigen bereits wieder arbeiten. Die Ruten sollten eine Länge von mindestens 1,50 m haben. Verdrehen Sie einige Ruten ineinander und biegen Sie diese zu einem großen U.

→

4. Eine Querstrebe hält die gebogenen Zweige in Form. Binden Sie dafür einen kürzeren Zweig mit dem Wickeldraht auf etwa einem Drittel der Höhe an den gebogenen Zweigen fest. Die Enden dürfen ruhig ein wenig überstehen. Wer ganz authentisch arbeiten möchte, kann anstelle des Drahtes auch dünne Weidenzweige verwenden, dann sind allerdings Fingerspitzengefühl und Geduld gefragt.

5. Fixieren Sie nun eine weitere Querstrebe wie im Arbeitsschritt zuvor mit einem Abstand von etwa 20 cm zur ersten Querstrebe. Nun werden zwischen den beiden entstandenen Querstreben je zwei Ruten befestigt.

6. Um diese werden zur Stabilisierung weitere Weidenzweige geflochten, die anschließend mit Draht fixiert werden.

7. Mit jeder Rute, die zwischen den Haltezweigen durchgeflochten wird, nimmt die Beeteinfassung mehr Form an. Seien Sie dabei nicht zu streng und lassen Sie die Enden ruhig ungleichmäßig über den Rand stehen. Das gibt dem Geflecht ein natürliches Aussehen.

8. Schon ist das erste Element fertig. Stechen Sie die unteren Enden soweit in die Erde, bis die geflochtenen Streben auf Bodenhöhe sitzen und die Beeteinfassung sicher steht. Dann wiederholen Sie die einzelnen Arbeitsschritte, bis Sie genügend Elemente haben.

Die Blüten der Erbsenpflanze duften verführerisch nach Honig – und treiben Bienen fast in die Verzweiflung. Denn die inneren Blütenblätter, in denen sich der süße Nektar befindet, sind so fest verschlossen, dass die meisten Bienenarten den Nektar nicht erreichen können. Etwa einen Monat nach der Blüte im Mai und Juni werden die Erbsen geerntet.

Pflücken oder stehenlassen? – Natürlich beides! Wenn im Garten das Blumenmeer unerschöpflich wächst, darf man sich ruhig verführen lassen, aus der Vielfalt ein paar Blüten abzuschneiden. Das fällt im Garten kaum auf, macht aber eine prächtige Tischdekoration. Und man hat das Farbenmeer auch an verregneten Tagen immer in seiner Nähe.

Frisch gepflückt: Sommersträuße und Kränze

Liebt er mich? - dem Volksglauben nach weiß die Ringelblume Antwort auf so manche drängende Frage. Mit ihrem flammenden Gelb-Orange verwandelt sie zwischen Juni und Oktober den Bauerngarten in ein Blütenmeer. Der Anblick verleitet dazu, einen Strauß für den Küchentisch zu pflücken oder die heilenden Kräfte der Blüten zu nutzen.

1

2

3

1. SPÄTSOMMERKRANZ

Jungfer im Grünen wird die ungewöhnliche Nigella im Volksmund genannt. Als Symbol der verschmähten Liebe erzählt sie die Geschichte einer Bauerstochter, die dem Geliebten aus Standesgründen entsagen muss und sich daraufhin in eine Blume verwandelt. Im Kranz zwischen Zinnien, Hortensienblüten und Holunderbeeren jedoch weckt ihr Anblick nur heitere Gedanken.

2. DUFTIGER BAUERNGARTENSTRAUSS

Wachstum und Leben bergen immer auch ein Quäntchen Unordnung. Die sollte man der Natur lassen, auch wenn man sie zu sich an den Tisch holt. Der ländliche, gebundene Sommerstrauß aus Dahlien, Goldrute, Löwenmäulchen und Bartnelken im rustikalen Krug feiert die Vielfalt und lässt einige Blüten frei aus dem Arrangement herausstehen. Diese Unordnung steht ihm ganz gut.

3. GRÜN-WEISSER SOMMERSTRAUSS

Unwiderstehlich zart und leicht wirkt der Strauß in grün und weiß. Zwischen den flammenden Farben des Hochsommers kann es geradezu erholsam wirken, ganz auf bunte Blüten zu verzichten. Der Strauß aus Schmuckkörbchen, Jungfer im Grünen, Knorpelmöhre, Frauenmantelblättern und den Fruchtständen der Waldrebe kommt auch ohne Farbenpracht zur Geltung.

Duftende Blüten holen nicht nur den Garten, sondern auch ein Stück Sommer in die eigenen vier Wände.

Unterm Apfelbaum lässt sich der Sommer besonders entspannt genießen. Während über dem Kopf die Äpfel reifen, blühen auf dem Tisch Gladiolen und Dahlien um die Wette. Bei so viel natürlicher Schönheit braucht es keine Designervase – der alte Emailletopf setzt die Blütenpracht in aller Bescheidenheit in Szene.

Früh übt sich, was ein Gärtner werden will. Zwischen Frühling und Herbst zeigt der Bauerngarten jeden Tag ein anderes Gesicht und erstrahlt in immer neuen Farben. Dann gibt es im Sommerbeet zwischen Zinnien und Fenchel manches zu entdecken und jede Menge Material für Dekorationen und Basteleien zu sammeln.

LÖWENZAHNKRANZ BINDEN

Wer Löwenzahn zu Unkraut erklärt, der hat sich noch nie mit einem Kranz der sattgelben Blüten geschmückt. Tatsächlich ist es ein Glück, dass Löwenzahn so eifrig wächst, denn es braucht eine ganze Handvoll Blüten für das vergängliche Schmuckstück. Die Blumen werden an den Stielen eng miteinander verflochten, sodass die Blüten dicht zusammen liegen, bis ein langer Zopf entstanden ist. Zum Schluss einfach die beiden Enden miteinander verbinden, fertig ist der Löwenzahnkranz. Vielleicht beschwört er auch für Sie Erinnerungen an Sommertage in der Kindheit herauf, an denen Sie mit den Nachbarskindern Abenteuer im Grünen erlebt haben. Dann wäre dies doch eine schöne Gelegenheit, die alten Freunde zu einem sommerlichen Grillabend einzuladen und gemeinsam in vergangenen Zeiten zu schwelgen.

MARGERITENHERZEN

Mit Floristendraht lassen sich Margeriten in fast jede Form bringen. Rohlinge aus Draht, zum Beispiel in Herzform, können Sie im Bastelgeschäft oder beim Floristen kaufen oder selbst biegen. Die Margeriten schneiden Sie etwa drei Zentimeter hinter der Blüte ab und wickeln sie dann mit feinem Draht dicht auf dem Rohling aneinander. Lange bleiben die Blüten nicht frisch, deshalb ist es am besten, das Herz bis zum Gebrauch ins Wasser zu legen.

Am besten kommt der Strauß in einem kleinen, farbigen Blecheimer zur Geltung. Noch ein paar lose auf dem Tisch verstreute Blüten – und schon können die Gäste kommen.

BLUMENSTRAUSSBINDEN SCHRITT FÜR SCHRITT

Dieser bunte Strauß ist schnell gebunden und holt den Sommer an den Tisch.

1. Sie benötigen verschiedene Sommerblumen, außerdem eine Schere und Bast zum Zusammenbinden.

2. Mit Frühlingsmargeriten, Pfingstrosen, Flockenblumen, Flammenblumen, Frauenmantel und Alkelei auf dem Arbeitstisch kann es losgehen. Vor dem Binden sollten die einzelnen Blumen allerdings vorbereitet werden. Entfernen Sie Blätter an den Stielen überall dort, wo sie später ins Wasser reichen würden. Dadurch wird vermieden, dass sie im Wasser faulen.

3. Nun sind Kreativität und Augenmaß gefragt. Von der Mitte des Straußes ausgehend, arbeiten Sie sich spiralförmig nach außen vor. Einfach eine Blume nach der anderen mit dem Stiel kreuzweise aneinanderlegen und dem Strauß beim Wachsen zusehen. Regeln gibt es hierfür nicht, lassen Sie sich von den Blumen inspirieren. Später soll der Strauß von allen Seiten farbenfroh und kugelrund aussehen. Deshalb lohnt es sich, ihn während des Zusammenlegens immer wieder zu drehen und auch von oben zu begutachten. Blätter, Gräser oder Kräuter zwischen den Blüten können helfen, den Strauß kompakt zu machen.

4. Wenn Sie alle Blumen untergebracht haben, können Sie den Strauß fixieren. Dazu mit dem Bast die Stiele fest umwickeln. Ja nachdem, in welche Vase Sie den Strauß stellen möchten, können Sie ihn direkt auf die geeignete Größe binden. Damit der Strauß später auch von der Seite kompakt aussieht, binden Sie die Blumen nicht zu weit oben zusammen.

5. Nun müssen die Stiele nur noch auf die gleiche Länge gekürzt und frisch angeschnitten werden, damit die Blumen in der Vase später viel Wasser ziehen können und sich möglichst lange halten.

Man kann nicht immer in der blühenden Sommerwiese stehen. Aber man kann sich die Wiese ins Haus holen.

Im Spätsommer ist der Bauerngarten besonders üppig bewachsen. Dahlien, Zinnien und Sonnenblumen setzen farbige Akzente. Die Beete werden von einer Buchshecke eingefasst. Sie wächst zwar nur langsam, bildet aber zu jeder Jahreszeit einen schönen Rahmen.

BAUERNGARTENSTRAUSS

Bei so einem Anblick ist es kaum zu glauben, dass auch dieser Sommer irgendwann ein Ende haben soll. Im August blüht es im Bauerngarten überall. Mit stolzen 14 unterschiedlichen Blumenarten spiegelt der bunte Strauß die ganze Vielfalt des Gartens in Formen und Farben wider. Der üppige Strauß besteht aus Sonnenblumen, Zinnien, Witwenblumen, Sommerastern, Fetthenne, Nigella, Rittersporn, Sonnenhut, Johanniskraut, Leberbalsam, Schafgarbe, Fuchsschwanz, Statice und Goldrute.

Aus eigener Ernte – Der Geschmack des Sommers

Eine reiche Ernte ist bei Himbeeren nichts Ungewöhnliches. Reife Beeren sollten regelmäßig abgeerntet werden, da sie am Strauch schnell weich werden. Die aromatischen Beeren möchte man schließlich nicht verschwenden! Außerdem lässt sich soviel gutes aus Himbeeren zaubern: Himbeertorte, Himbeerkonfitüre, Himbeereis, Himbeerjoghurt – eigentlich kann man nie genug Himbeeren haben.

Der nächste Winter kommt bestimmt. Wer dann ein Glas selbstgemachte Johannisbeerkonfitüre aus dem Regal nehmen kann, der hat im Sommer alles richtig gemacht. Für die Konfitüre kochen Sie 800 g Rote Johannisbeeren mit 500 g Gelierzucker ein. Besonders gut schmeckt die Konfitüre, wenn Sie beim Kochen eine Vanilleschote dazugeben.

In Reih und Glied stehen die Nutzpflanzen des Bauerngartens. Kaum ein Hobby ist so dankbar wie der eigene Gemüsegarten, bei dem am Ende der Mühe die reiche Ernte steht. Und wer schon einmal sein eigenes Gemüse geerntet hat, der weiß, dass Supermarktware geschmacklich kaum mithalten kann. So frisch kommt eben nur die eigene Ernte aus dem Garten auf den Tisch.

Selbstgemachte Marmelade wirkt wie ein Seelentröster an grauen Tagen und ist ein einmalig süßes Geschenk.

Der Duft von frisch gepflückten Erdbeeren läutet untrügerisch den Sommer ein. Mit Ihnen beginnt die Saison der Obstkuchen, der lauen Sommerabende, Badeurlaube und Grillfeiern, vielleicht gelten sie deshalb auch als Königin der Beeren. Streng genommen ist die Erdbeere gar keine Beere, sondern eine Sammelnussfrucht, aber wer will im Sommer schon so streng sein?
Beeren sind pflegeleicht und ganz egal ob Sie Himbeeren, Johannisbeeren oder Stachelbeeren pflanzen, Sie werden schon kurze Zeit später mit reicher Ernte belohnt. Bis der Gemüsegarten Erntefreude bringt, bedarf es hingegen ausdauernder Pflege und Geduld. Erst einmal muss geplant werden, welche Sorten man in welches Beet pflanzt. Bestimmte Sorten harmonisieren dabei als Nachbarn besonders gut oder auch schlecht miteinander. Später gehören das Lockern des Bodens, Unkraut hacken und Düngen zu den regelmäßigen Arbeiten. Als Diva unter den Gemüsesorten gilt die Tomate: Die Pflanzen mögen es nicht trocken, zuviel Wasser ist ihnen aber auch nicht recht, sondern lässt ihre Haut platzen und die Tomaten schimmeln. Am besten gießt man Tomatenpflanzen deshalb regelmäßig mit der Gießkanne, das danken sie mit saftigen roten Früchten.

Verführerisch duftend und zauberhaft süß – mit der Erdbeerzeit im Mai beginnt der Sommer.

PRAKTISCHER HELFER

Gartenarbeit kann beschwerlich sein. Vom Umgraben übers Unkraut entfernen bis hin zur Ernte gibt es eigentlich immer etwas zu tun. Da hilft es, zur richtigen Zeit das richtige Werkzeug griffbereit zu haben, um sich zusätzliche Wege und unnötiges Bücken zu sparen. Der dekorative Korb an einem einfachen Stock kann ins Beet gestochen und später wieder mitgenommen werden.

KNACKIG UND GESUND

Heißen sie nun Möhren, Riebli oder gelbe Rüben? – Ganz egal, denn Karotten schmecken gut und stecken voller gesunder Vitamine. Wer ein bisschen Platz im Beet hat, dem sei deshalb die Zucht ans Herz gelegt.

ERBSENAUSSAAT

Angeblich sind sie die Lieblingsspeise von Zwergen und Heinzelmännchen, Prinzessinnen schlafen bekanntlich nicht gut auf ihnen und wer während der sagenumwobenen Raunächte Erbsen verspeist, der holt sich das Unglück ins Haus. Um die uralte Kulturpflanze ranken sich allerlei Mythen und Geschichten. Im eigenen Garten kann man Erbsen bereits ab Mitte März direkt ins Beet aussäen. Am besten wachsen die buschigen Pflanzen in sonniger und luftiger Umgebung. Lehm- und kalkhaltige Böden eignen sich gut. Wenn Sie mehrere Reihen bepflanzen, sollten Sie zwischen den Reihen einen Abstand von 40 cm einhalten, zwischen den einzelnen Pflanzen etwa 3-5 cm. Drücken Sie die Samen an und bedecken Sie sie mit etwas Erde. Nach der Aussaat sollten Sie den Boden gleichmäßig feucht halten. Eine Rankhilfe wird auch von niedrig wachsenden Sorten gerne angenommen. Nach etwa acht Wochen sind die sattgrünen Erbsen erntereif. Nach der Ernte sollten die Erbsen schnell verarbeitet werden, denn sie werden bei längerer Lagerung bitter.

ZWIEBELZOPF

Als eine der ältesten Kulturpflanzen der Menschheit ist die Zwiebel seit langer Zeit mit vielerlei Aberglauben verbunden. Ein aufgehängter Zwiebelzopf sollte Unheil und Krankheiten fernhalten. Wenn man heute Zwiebeln zu einem Zopf flechtet, sieht das nicht nur schön aus, es hilft auch, bei der Lagerung Feuchtigkeit zu vermeiden. Für einen selbstgeflochtenen Zopf sollten Sie bei der Ernte mindestens 10 cm Laub an den Zwiebeln lassen. Fangen Sie mit drei Zwiebeln an, deren Laub Sie verflechten. Nach und nach können Sie dann abwechselnd von rechts und links mehr Zwiebeln einarbeiten. Zum Schluss binden Sie den Zopf mit Bast zusammen, so dass alle Zwiebeln fest verbunden sind.

Es muss nicht immer ein Blumenstrauß sein. Auch Johannisbeeren, Himbeeren und Radieschen bringen Farbe auf den Tisch. Der rustikale Bund gibt jedem Grillabend ein freundliches Gesicht und seine Komponenten eignen sich dazu ausgezeichnet als Beilage für hungrige Gäste.

HIMBEERESSIG

Zutaten für 750 ml Himbeeressig

300 g Strauch-Himbeeren
500 ml Weißweinessig oder
Weißer Balsamico

1. Auf Blattsalaten oder beim Marinieren gibt Himbeeressig Ihren Gerichten ein herrlich erfrischendes Aroma. Für den Essig brauchen Sie nur frisch gepflückte Himbeeren, Essig und eine verschließbare Flasche. Füllen Sie zunächst die Himbeeren in die Flasche.
2. Dann werden die Himbeeren mit dem Essig übergossen, bis die Flasche voll ist.
3. Verschließen Sie die Flasche und stellen Sie sie an einen sonnigen Ort. Alle paar Tage die Flasche schwenken, damit der Essig gut durchzieht. Nach etwa zwei Wochen können Sie den Essig direkt verwenden oder durch ein Sieb in eine andere Flasche abgießen.

Mit einem handgeschriebenen Etikett versehen, ist selbstgemachter Himbeeressig ein wunderbares Mitbringsel für einen Grillabend bei Freunden.

DEKO-IDEEN FÜR EINEN HIMBEER-TISCH

Wer sagt eigentlich, dass man von Himbeersträuchern nur die Beeren verwenden kann? Das erfrischende Rot macht gerade in Verbindung mit den sattgrünen Blättern eine schöne Tischdekoration. Locker auf dem Tisch verteilt ist diese Kombination genau das Richtige für einen sommerlichen Kaffeeklatsch im Garten.
Streng botanisch genommen sind Himbeeren gar keine Beeren, sondern Sammelsteinfrüchte. Dem Himbeerfreund dürfte das herzlich egal sein: Was auch immer sich hinter ihrem Namen verbirgt, als Schmuck für Windlichter oder Servietten sehen Himberen einfach beerig gut aus. Auch der kleine Tischkranz aus Kräutern, Johannisbeeren und Himbeeren erfreut die Gäste.
Ob Tischdeko oder Leckerei, manchmal lässt sich das also gar nicht so genau sagen. In der filigranen Etagere, geschmückt mit Blättern und Bändern, geben die reifen Beeren jedenfalls ein verführerisches Bild ab. Und eigentlich sind ja genügend Beeren da, vielleicht fällt es also gar nicht auf, wenn hinterher eine fehlt, oder auch zwei …

Naschen ausdrücklich erlaubt! Wie wäre es denn mal mit einer Kaffeetafel ganz im Zeichen der Himbeerernte?

Saftige Tomaten und frischer Basilikum sorgen für ein mediterranes Ambiente am gedeckten Gartentisch und wecken Appetit.

Draußen Genießen

In der Luft hängt eine Vorfreude auf die kommende Jahreszeit, die Grillabende bei Kerzenschein, Heuduft und Picknickausflüge mit sich bringt. Laue Sommernächte verführen zum Genuss unter freiem Himmel.

Auch wer mit Insekten auf Kriegsfuß steht, kann einen Sonnentag im Garten genießen. Das im Baum aufgehängte Moskitonetz hält ungebetene Besucher fern, ist schnell angebracht und sieht schön sommerlich aus. So lässt sich im Garten wunderbar eine Tasse Tee genießen.

Leuchtend gelb blüht der Hahnenfuß im Frühsommer und verlockt zum Pflücken sommerlicher Wiesensträuße für den Frühstückstisch.

Nun bittet die Natur zu Tisch! Wenn der Sommer sich ankündigt, reißen wir die Fenster auf und lassen ihn eintreten! Er kitzelt alle Sinne und lässt die Müdigkeit des langen Winters von uns abfallen. Wir laden ihn zum Frühstück auf der Terrasse ein mit warmen Croissants und süßen Beeren. An Sonntagen veranstalten wir einen Kaffeeklatsch zu seinen Ehren, reichen ihm Obstkuchen und Holunderlimonade. Und weil es so schön ist, darf er gleich zum Abendessen bleiben, wenn Grillduft in der Luft hängt und der soeben geerntete Salat aufgetischt wird. Es ist die Zeit des geselligen Zusammenseins mit guten Freunden, wenn bei einem kühlen Getränk Pläne geschmiedet werden und die Fülle der Möglichkeiten unendlich erscheint. Blütenkränze schmücken den Tisch, alles ist bei Kerzenschein in einen zauberhaften Glanz getaucht. Woher kommt es nur, dass unter freiem Himmel alles besser schmeckt als drinnen im Haus, der einfache Kräuterquark genauso wie das Lammfilet? Es mag die Luft voller Düfte und Aromen sein, die unseren Appetit anregt oder die Sonne, die unsere Haut kitzelt, vielleicht aber auch einfach die Frische der eigenen Ernte aus dem Garten.

1

Frühstück!

Vogelzwitschern und kräftige Morgensonne begleiten uns beim genussvollen gemeinsamen Start in den Tag.

Sommerfrage: Wer schafft es, alle kleinen Flugschirme mit einem Atemzug von der Pusteblume zu blasen?

Holen Sie sich die Wiese auf den Frühstückstisch! Graben Sie ein blühendes Gänseblümchen mit der Wurzel aus und pflanzen Sie es in einen Eierbecher.

1. FRISCH GEPRESSTER BIRNENSAFT
Das Besondere an Birnen ist ihr niedriger Säuregehalt. Der verhilft ihnen nicht nur zu ihrem süßen Geschmack, er macht Birnen auch für empfindliche Mägen bekömmlich. Frisch gepresst als Saft schmecken die Früchte zuckersüß und doch erfrischend – ein idealer Start in den Tag.

2. BROMBEERMARMELADE AUF BRÖTCHEN
Von Juli bis Oktober ist Brombeerzeit. Dann lassen sich die Beeren an Waldrändern, Lichtungen oder im eigenen Garten ernten. Die süßen Früchte wachsen an stacheligen Sträuchern, die bis zu einer Höhe von 3 m wachsen können. Und wer vorsorgt, kann auch den Rest des Jahres noch seine Brombeerernte genießen – zum Beispiel eingekocht als Marmelade.

3. JOGHURT MIT BEERENSPIESSEN
Gar nicht spießig, sondern originell sind diese Beeren am Spieß. Dazu einfach Erdbeeren, Brombeeren, Blaubeeren und Johannisbeeren auf Holzspieße schieben und mit Joghurt oder Quark servieren. Das sieht schön aus und setzt die frisch geernteten Beeren wunderbar in Szene. Tischdekoration wird mit diesen Spießgesellen fast überflüssig.

Mit einem ausgedehnten Frühstück ist ein guter Start in den Tag fast schon garantiert …

JOHANNISBEER-WAFFEL

Zutaten für etwa 10 Waffeln

200 g weiche Butter
150 g Zucker
6 Eier
350 g Mehl
350 ml Milch
1 Päckchen Backpulver

Der Duft frischer Waffeln lockt auch Langschläfer aus den Federn.

1. Verrühren Sie für den Waffelteig die Butter mit dem Zucker und den Eiern und geben Sie nach und nach das Mehl und die Milch hinzu, bis ein gleichmäßiger, dickflüssiger Teig entstanden ist.
2. Fetten Sie das heiße Waffeleisen mit etwas Butter ein und backen Sie die Waffeln einige Minuten.
3. Servieren Sie die Waffeln noch warm. Besonders gut schmecken sie mit Quark und Johannisbeeren.

Der Kaffee ist fertig! Auf kleinen Tischen machen sich auch kleine Blumen gut. In den fröhlich gepunkteten Schalen blüht die genügsame Gänsekresse üppig.

Für diese romantische Stuhl-Deko ziehen Sie eine Rosenblüte zusammen mit einzelnen Blütenblättern und Perlen auf einen Draht auf.

MORGENGRUSS FÜR DIE LIEBSTEN

So sieht ein guter Start in den Tag aus! Für die duftende Rose in der Espressotasse, die zarten Blütenblätter und das liebevoll geschriebene Schild hat es sich schon gelohnt aufzustehen. Zum Glücklichsein braucht es manchmal gar nicht viel. Und es macht auch großen Spaß, den Liebsten eine solche Freude zu bereiten.

ROSENBLÜTEN ALS TISCHDEKO

Rosen haben viele Gesichter. Passend dekoriert in der blumigen Kaffeetasse fühlen sie sich mit frischem Wasser einige Tage lang wohl und verbreiten einen verführerischen Duft.

Kaffeeklatsch im Grünen

Endlich ist es warm genug, um im Freien Kaffee und Kuchen zu genießen!

So sieht eine heile Welt aus. Da dürfen die Apfelbaumblüten auch gern auf die weiße Tischdecke fallen. Wenn der Nachmittag in den Abend übergeht und es langsam dunkel wird, geben die im Baum aufgehängten Windlichter ein goldenes Licht, vielleicht versuchen auch ein paar Glühwürmchen, mit ihnen mitzuhalten.

Wie gern würden wir den Sommer in seinen schönsten Stunden festhalten! Mit der weiß-gelben Dekoration gelingt es uns für einen kleinen Moment. Die gelben Servietten werden mit frischen Margeriten und Gräsern zusammengehalten. Das weiße Band sorgt für eine edle Note.

MARGERITEN-DEKORATION

Margeriten sehen in kleinen Kränzen und Sträußen wunderbar zart und fröhlich aus. Ein einfacher Kranz verschönert zum Beispiel die Stuhllehne. Drehen Sie Gräser locker zu einem Kranz und binden die Margeriten mit Draht ein. Eine weiße Schleife bildet den Abschluss.

MARGERITEN-WINDLICHT

Auch im Sommer kommt trotz langer Tage irgendwann der Abend. Dann sorgen kleine Windlichter für eine zauberhafte Stimmung. Wickeln Sie Draht um den Rand eines Einmachglases und biegen Sie einen Haltebügel zurecht. Dann befestigen Sie am Glasrand Gräser und Margeriten.

Im Frühsommer zieht es uns nach draußen. Endlich können wir wieder im Freien den Tisch aufdecken und Gäste empfangen. Da der Sommer schneller wieder vorbei ist, als uns lieb ist, sollte man jede sonnige Minute des Sommers genießen.

Ein alter Holzkorb kann mit einem üppigen Gesteck alle Blicke auf sich ziehen. Die vielfarbigen Rosen und zarten Holunderblüten mit ihrem violett-weißen Farbspiel sehen zu jedem Anlass zauberhaft aus und passen gut zum rustikalen Gräserläufer.

Auf einem schönen Holztisch braucht es nicht unbedingt eine Tischdecke. Gräser und farbige Blüten sind schließlich Dekoration genug. Ein ganzer Teppich aus Wiesengräsern bildet den Tischläufer bei dieser sommerlichen Dekorationsidee. Die verschiedenen Gräser duften zart nach Heu und machen Appetit auf eine gesellige Runde. Am besten vergewissern Sie sich aber vorher, dass keiner Ihrer Gäste unter Heuschnupfen leidet ... Die kleinen Sträuße aus Rosen und Holunderblüten sehen auf der Gräsermatte auch in einfachen Wassergläsern dekorativ aus. Und mit ein paar zusätzlichen Grasuntersetzern auf den Untertassen fühlen sich die Gäste sicherlich entspannt wie beim Picknick auf dem Feld. Die größte Freude machen Sie Ihren Gästen dann bestimmt, wenn Sie einen selbstgebackenen Obstkuchen mit frischen Sommerfrüchten aus eigener Ernte servieren.

PFINGSTROSE

Geradezu paradiesisch sehen die großen Blüten der Pfingstrose aus, dabei steht ihr süßer Duft ihrem Aussehen in nichts nach. Solch wunderschöne, große Blüten brauchen keinen Strauß, sie lässt man am besten einzeln wirken. Schneiden Sie die Blüten frisch an, wenn sie bereits aufgeblüht sind, und verteilen Sie sie in Gläsern oder kleinen Vasen auf dem Tisch.

KERZENHALTER MIT WALDREBEN

Die zarten Blätter und Fruchtstände der Waldrebe, die auch unter ihrem botanischen Namen Clematis bekannt ist, eignen sich ausgezeichnet für feine Verzierungen, zum Beispiel von Kerzenhaltern.

PFINGSTROSEN IM GLAS

Auf dem Balkon oder der Terrasse lässt ein aufgehängtes Glas mit einer großen, leuchtenden Blüte auch eine unansehnliche Wand zum Hingucker werden. Wickeln Sie einen Draht ganz fest um den Rand eines Einmachglases, an dem Sie dann die Schleife festbinden, mit der Sie das Glas aufhängen.

STRAUSS MIT PFINGSTROSEN UND WALDREBEN

Nicht jeder hat das Glück, einen eigenen Garten mit Pfingstrosen zu haben. Trotzdem kann dieser süß duftende Strauß leicht selbst gebunden werden. Wer die Pfingstrosen kauft, sollte darauf achten, dass die Knospen groß und bereits gefärbt sind, sonst werden sie sich im Strauß nicht öffnen. Zum Arrangement gehören neben Pfingstrosen auch Rosen, Waldreben und Schleierkraut.

In einigen Regionen wird der Holunderblüte zwischen Mai und Juli ein ganzes Fest gewidmet. Auch zuhause lässt sich leicht ein Holunderblütenfest ausrichten: Mit Dekorationen aus Sträußen und -kränzen und Leckereien wie ausgebackenen Holunderblüten, Bowle und Limonade ist Holunder der Ehrengast auf diesem Fest.

ZARTER STRAUSS

Zwischen Mai und Juli blüht der Holunder mit zarten weißen Blüten. Die emaillierten Milchkannen machen als Vase für zarte Sträuße eine gute Figur. Holunder, Rotklee und Gerste, einfach in den Kannen auf den Boden gestellt, geben dem Hauseingang ein einladendes Gesicht.

AUSGEBACKENE HOLUNDERBLÜTEN

Verführerisch lecker schmecken in Pfannkuchenteig gebackene Holunderblüten. Mischen Sie einen Teig aus einem Ei, der abgeriebenen Schale einer Zitrone, 150 ml Milch, einer Prise Salz und 100 g Mehl. Tauchen Sie die Blütendolden kurz in den Teig und dann in 200 ml heißes Öl, bis sie eine leicht goldene Färbung bekommen. Vor dem Servieren bestreuen Sie die ausgebackenen Blüten noch mit feinem Puderzucker.

TELLERSTRÄUSSCHEN

Unschuldig und strahlend weiß ziert der Strauß aus einer Rose und Holunderblüten die Serviette.

HOLUNDERBLÜTENLIMONADE

Erfrischung gefällig? Eiskalter Holunderlimonade kann an heißen Tagen niemand widerstehen, und selbstgemacht schmeckt sie am besten. Füllen Sie 2,5 l Wasser, 500 g Zucker, drei Holunderblütenstände und zwei in Scheiben geschnittene Zitronen oder Limetten in einen großen Behälter und lassen Sie die Mischung zwei bis drei Tage kühl stehen. Danach können Sie die erfrischende Limonade durch ein Sieb gießen und servieren.

Picknick-Ideen

Die Sonne scheint, die Blumen blühen – Zeit für ein gemütliches Picknick in der Sommerwiese!

WIESENTISCH
Frische Luft und Blütenduft sind die besten Zutaten für einen gelungenen Sommertag. Dazu eine alte Weinkiste als Tisch in der Wiese mit blühenden Margeriten und eine kleine Erfrischung – schon zaubert sich von ganz allein ein Lächeln auf das Gesicht. In dem hohen Gras kann man dann einfach mal untertauchen und sich vom Rest der Welt nicht stören lassen.

In den Picknick-Korb gehört alles was schmeckt, von frischen Früchten und Beeren bis hin zu erfrischenden Getränken. Eine Decke sollte man auch dabei haben, so kann man sich überall ein gemütliches Plätzchen einrichten.

Am Rand von Getreidefeldern wachsen oft die schönsten Wiesenblumen. Bei einem Spaziergang findet man meist genügend Blüten, um einen bunten Strauß zusammenzustellen, zum Beispiel aus Klatschmohn, Kornblumen und Margeriten.

Wenn Sie jemandem eine Freude machen wollen, packen Sie den Picknickkorb und entführen ihn an einem sonnigen Tag. Für ein Picknick im Grünen braucht man keinen eigenen Garten, und auch waschechte Stadtbewohner können leicht einen Ausflug auf die Wiese machen. Oder zum Klatschmohnfeld, wo während der Blütezeit des Mohns ein rotes Farbenmeer die Ausflügler begrüßt. Auf einer Decke inmitten duftender Blüten zu sitzen, kann viel schöner sein als ein Essen im Restaurant. Besonders mit den richtigen Schlemmereien im Korb. Auch an heißem Kaffee oder Tee muss es beim Picknicken nicht mangeln, schließlich gibt es Thermoskannen. In sympathischer Gesellschaft auf der Picknickdecke ein paar Stunden zu verbringen wirkt wie eine Wellness-Kur.

Wenn es die Sonne zu gut mit uns meint, ist es gut, sich unter einem Baum schützen zu können oder einen Sonnenschirm zu haben. Die gemütliche Holzgarnitur mit Tisch, Bänken und Sonnenschirm ist etwas für Picknick-Experten. Damit wird die Margeritenwiese zur eigenen Terrasse.

Auch wenn der Hund vom Blumengeschenk nicht allzu beeindruckt scheint – eine Margeritenwiese erfreut das Herz! Mit tausenden der fröhlichen Blüten vor Augen muss man sich einfach einen Strauß pflücken, um die Blütenpracht auch mit nach Hause nehmen zu könnnen.

Abendessen unter freien Himmel

Der Garten wird zum Wohnzimmer

Das Auge isst mit – hier muss man sich allerdings mit dem schönen Anblick zufrieden geben, auch wenn die Bestandteile des farbenfrohen Gestecks alle essbar sind.

Wie ein Blumenstrauß zum Essen wirkt der Salat mit essbaren Blüten. Manchem erscheint es fast barbarisch, die schönen, zarten Blüten zu verspeisen.

SPARGELDEKO
Federleicht sehen die zarten Zweige aus Dill aus, die hier mit den kleinen, blau leuchtenden Blüten des Borretsch und einigen weißen Spargelstangen zu einer Dekoration für das Namensschild gebunden sind.

FRISCHER BÄRLAUCH

Je nach Region zählt der wilde Bärlauch zu den bedrohten Arten oder lässt sich reichlich in freier Natur finden. Selbst gesammelt oder frisch auf dem Markt gekauft – das Verarbeiten der grünen Blätter lohnt sich, denn mit ihnen lassen sich zahlreiche Speisen verfeinern.

TOMATE ALS PLATZKARTE

Mit Essen soll man bekanntlich nicht spielen. Gegen diesen verspielten Umgang mit einer Tomate wird aber sicherlich niemand protestieren. Als Namensschild schmückt sie die Teller und darf hinterher verspeist werden. Was könnte besser dazu geeignet sein, seine Gäste zu Tisch zu bitten als selbst geerntetes Gemüse aus dem eigenen Garten?

KRÄUTERQUARK

Zutaten für etwa 4 Portionen

250 g Quark (Magerstufe)

1 Becher Schmand

1/2 Bund Schnittlauch

1/2 Bund Petersilie

1/2 Zwiebel (optional)

einige Borretsch- und Kapuzinerkresseblüten als Deko

Pfeffer, Salz, Paprikapulver

Wenn die Neuen Kartoffeln geerntet sind, beginnt die Sommersaison. Gibt es dann etwas Besseres als Pellkartoffeln mit Kräuterquark?

Rühren Sie den Quark mit dem Schmand, etwas Salz, Pfeffer und Paprikapulver an. Hacken Sie den Schnittlauch und die Petersilie, schneiden Sie die Zwiebeln in kleine Würfel und mischen Sie alles unter den Quark. Als Deko heben Sie die Kapuziner- und Borretschblüten unter.

HÜHNERSUPPE

Zutaten für 4-6 Personen

1 Suppenhuhn

1 Sellerieknolle

1 Stange Porree

1 Stange Lauch

4-5 Möhren

Salz, Pfeffer

nach Belieben Suppennudeln

einige Blüten der Apfel-Geranie

Eine leichte Geflügelsuppe ist gar nicht schwer zuzubereiten. Kochen Sie das Huhn für 45 Minuten mit einem Teelöffel Salz in ausreichend Wasser, sodass das Huhn komplett mit Wasser bedeckt ist. Schneiden Sie das Suppengemüse und geben es (zusammen mit Suppennudeln, wenn Sie möchten) für etwa 10 Minuten hinzu, bis es weich ist. Mit dem würzigen Geschmack der essbaren Blätter der Apfel-Geranie wird daraus eine feine Sommermahlzeit.

Mit mediterranen Kräutern wie Salbei, Thymian, Rosmarin und Oregano und einem Mörser ist die Kräuterbasis für eine leckere Marinade schnell selbst vorbereitet.

Zutaten

200 g Mehl
100 g Butter
4 Eier
150 Bergkäse
1 Zwiebel
700 g Tomaten
300 g Crème fraîche
Pfeffer, Salz

TOMATENTARTE

1. Für den Boden der Tarte vermengen Sie 200 g Mehl mit 100 g Butter, einem Ei und etwas Salz. Wenn der Teig nicht geschmeidig wird, können Sie ein bisschen kaltes Wasser hinzufügen. Rollen Sie den Teig aus und legen damit die Quiche-Form aus.
2. Schneiden Sie dann 150 g Bergkäse in Würfel und geben Sie sie in eine Schüssel. Die Zwiebel wird fein gehackt, die Tomaten in kleine Stücke gewürfelt und zum Käse gegeben. Heben Sie die Crème fraîche und drei Eier unter die Gemüsemischung und schmecken Sie diese mit Salz und Pfeffer ab. Gießen Sie die Mischung auf den Tarteboden und verteilen Sie sie gleichmäßig.
3. Backen Sie die Tarte für etwa 30 Minuten bei 180 °C im Backofen.

TISCHDEKO MIT FEUERBOHNEN

Eine außergewöhnliche Tischdekoration lässt sich mit Feuerbohnen gestalten. Sie benötigen einige Bohnen und Blüten, ein Glasröhrchen und eine Schnur. Nehmen Sie das Glasröhrchen in die Mitte und ordnen Sie die Bohnen so darum an, dass sie zum einen die Mini-Vase verdecken und zum anderen senkrecht auf dem Tisch stehen. Dann binden Sie das Arrangement mit der Schnur fest zusammen. Nun geben Sie Wasser in das Röhrchen und stecken die Blüten der Feuerbohnen hinein. Zupfen Sie die Blüten etwas zurecht, sodass es aussieht, als würden sie sich zwischen den Bohnen hindurchranken. Mit den Ranken der Feuerbohnen lassen sich übrigens auch ausgefallene Windlichter dekorieren. Dafür wickeln Sie einige Ranken mit Blüten und Bohnen um den Rand eines Marmeladenglases und fixieren Sie diese bei Bedarf mit etwas Draht.

Mit offenen Augen entdeckt man überall Deko-Inspirationen.

Sommer-vergnügen

Wenn die Temperaturen steigen fühlen wir uns leicht und unbeschwert – und ein wenig übermütig. Jeden Tag lassen wir uns auf ein neues Abenteuer ein, das es verdient, gefeiert zu werden.

Eine Sprenkleranlage ist manchmal unberechenbar. Gerade war das Wasser noch da, plötzlich ist es ganz woanders. Mut gehört also dazu, mitten durch den kalten Wasserstrahl zu springen.

Kränze mit Kerzen sind nicht nur zur Weihnachtszeit schön. Dieser bunte Sommerkranz aus Blüten erstrahlt im Glanz vieler Stabkerzen.

In diesen Blechdosen findet jeder schnell das richtige Besteck. Suchen Sie sich schön gemusterte Papierservietten aus, und trennen Sie die oberste Schicht von ihnen ab. Mit Tapetenkleber kann sie auf die Dose geklebt werden. Ein Funkienblatt dient hier als Schild.

Grillen an lauen Sommerabenden

Die Monate des Jahres reihen sich aneinander wie Perlen auf einer Kette, jeder von ihnen einzigartig und voller Erlebnisse. Nicht immer sind es später die großen Ereignisse, deren Erinnerung uns ein Lächeln auf das Gesicht zaubert, sondern die kleinen Momente der Freude: Das Lachen der Kinder beim Grillfest im Garten, das Gefühl der ersten warmen Sommersonne auf der Haut oder der satte Platsch eines Sprungs in den See, Wolkenzählen bei einer Kugel Eis, das Quietschen der alten Kinderschaukel im Apfelbaum. Ein romantisches Abendessen ist im Schein unzähliger Kerzen noch schöner, ein Sommerfest mit selbstgemachten Melonenspießen noch erfrischender als mit den immer gleichen Dekorationen und Gerichten. Die Vielfalt der Natur kann uns täglich zu neuen Gedanken und Ideen inspirieren, wenn wir ihr mit offenen Augen entgegentreten. Das können wir wahrscheinlich am besten von unseren Kindern lernen, sie sind die geborenen Entdecker und Erforscher all dessen, was die Welt ihnen zeigt. Mit einer Wiese voller Pusteblumen oder einem Gartenschlauch können sie sich aufregende Spiele ausdenken und Stunden verstreichen lassen. Sie können Piratenschätze im Garten verstecken und finden, kunterbunte Lampions basteln und die Punkte von Marienkäfern um die Wette zählen. Vielleicht sind diese alltäglichen Momente die wirklichen Perlen eines Lebens. Und vielleicht können wir sie ein bisschen länger festhalten, indem wir sie bewusst erleben.

Paradiesisch verlockend stellt die Etagere die Ernte aus dem eigenen Garten zur Schau - die Deko ist nicht nur farbenfroh, sondern auch komplett essbar.

BLUMEN-SALAT

Zutaten für 4 Portionen

600 g gemischte Blattsalate

2 Handvoll Kapuzinerkresseblüten und -blätter

Dressing nach Wahl

Ein Sommer ohne Salat wäre wie Weihnachten ohne Plätzchen. So viele Variationen von Salaten und Dressings gibt es, dass einem die erfrischende Sommermahlzeit nie langweilig werden muss. Ein paar Blüten von Kapuzinerkresse zum Beispiel machen den gemischten Blattsalat zu einem Hingucker und geben ihm zusätzliche Würze. Die pfeffrig schmeckenden Blüten und Blätter der Pflanze enthalten viel Vitamin C: Das hält die Haut straff und schützt vor Erkältungen.

Aus 250 g Butter und einer Handvoll Kapuzinerkresse zaubern Sie eine cremig-würzige Kräuterbutter. Lassen Sie die Butter weich werden und heben Sie die klein geschnittenen Blätter und Blüten unter. Eingerollt in Alufolie kommt die Butter dann bis zum Servieren in den Kühlschrank.

Auf der Einladungstafel am Gartentor erfüllt der Kranz aus Radieschen, Borretsch, Fenchel und Kapuzinerkresse gleich zwei Aufgaben: Er schmückt das Tor und bietet einen kleinen Ausblick darauf, was die Gäste an frischen Leckereien so alles erwartet. Ein gelungener Willkommensgruß.

Orange ist das Thema dieses Abends. Das zeigen nicht nur die Kerzen, sondern auch das blühende Gesteck aus Ringelblumen, Kamille, Salbei, Fenchel, Minze, Schafgarbe, Borretsch und Oregano in der großen Schale mit Windlicht. Dazu verströmen die Kräuter einen feinen Duft.

Wenn es abends dunkel wird, sinken auch die Temperaturen. Trotzdem möchte man die sommerliche Atmosphäre im Garten genießen. Am Feuerkorb kann man dann zwischendurch die Hände wärmen oder ein Brot rösten. Die vielen Kerzen wärmen dazu das Gemüt.

GEGRILLTE ZUCCHINI MIT TOMATEN-RUCOLA-SALAT

Zutaten für 4 Personen

2 mittelgroße Zucchini

500 g Rucola

400 g Kirschtomaten

2 Mozzarella

Olivenöl, Balsamico

Salz, Pfeffer

Nicht nur Fleisch schmeckt am besten vom Grill. Frische Zucchini, in dünne Scheiben geschnitten, auf dem Grill kurz gebräunt, schmeckt wunderbar aromatisch. Dafür werden die Zucchini einfach mit etwas Olivenöl bestrichen und mit Salz und Pfeffer gewürzt. Dazu schmeckt ein knackiger Salat aus Rucola, Kirschtomaten, Basilikum und Mozzarella mit ein bisschen Olivenöl und Balsamico. Am besten stammt natürlich alles aus eigener Ernte. Vor allem Rucola ist sehr einfach selbst zu züchten – mit genügend Sonne und regelmäßigem Gießen kann da kaum etwas schief gehen. Und im Terrakotta-Topf geben die Salatblätter eine mediterrane Tischdeko ab.

KRÄUTERBUTTER IN HERZFORM

In Form kleiner Herzen lässt sich Kräuterbutter noch besser portionieren. Dazu füllen Sie die Kräuterbutter nach dem Anrühren, wenn sie noch weich ist, in herzförmige Eiswürfelbehälter aus Silikon und stellen sie dann zum Erkalten in den Kühlschrank.

BORRETSCH-KRÄUTERQUARK

Eine große Portion Kräuterquark ist schnell gemacht und schmeckt zu fast allem, was der Garten zu bieten hat: Neue Kartoffeln, rohes oder gekochtes Gemüse oder knackiges Weißbrot lieben seine Gesellschaft. Mit Blüten von Borretsch und Schnittlauch bekommt der Quark einen pfeffrigen Geschmack.

BÄRLAUCHPESTO

Zutaten

500 g Bärlauch
200 ml Olivenöl
100 g Parmesan
75 g Pinienkerne
Pfeffer, Salz

Der mit Schnittlauch, Zwiebel und Knoblauch verwandte Bärlauch wird bereits seit dem Mittelalter als Würz- und Heilpflanze genutzt. Seine Blätter werden zwischen Mai und Juni geerntet, noch bevor der Bärlauch blüht, denn mit der Blüte verlieren die Blätter ihr feines Aroma. Mixen Sie für das Pesto 500 g Bärlauch, 75 g Pinienkerne, 100 g Parmesan und 200 ml Olivenöl und würzen Sie die Mischung mit frisch gemahlenem Pfeffer und etwas Salz. Das selbstgemachte Bärlauchpesto hält sich einige Monate und lässt sich wunderbar für Nudelgerichte und Marinaden verwenden.

ANLEITUNG FÜR DOSEN-WINDLICHTER

Wer ein bisschen kreativ ist, kann vielen alten Gegenständen zu neuem Glanz verhelfen. Alte Blechdosen zum Beispiel können als Windlichter ein raffiniertes Lichtspiel in Ihren Garten zaubern. Dazu benötigen Sie nur alte Dosen, Draht, Hammer und Nagel. Schlagen Sie mit dem Hammer Löcher in die Dose. Durch sie scheint beim fertigen Windlicht das Licht der Kerze in dem von Ihnen gehämmerten Lochmuster. Um das Windlicht im Garten aufhängen zu können, benötigt die Dose nun einen Haken oder Haltebügel. Diesen können Sie aus Draht biegen und dann durch zwei Löcher an der Dose befestigen. Nun ist das Windlicht eigentlich schon fertig und braucht nur noch eine Kerze und einen geeigneten Ort zum Aufhängen. Das leichte Gewicht der Dosen ermöglicht es, die Windlichter auch an dünnen Zweigen oder zarten Ranken aufzuhängen, so zum Beispiel wie hier zwischen die Blüten der Prunkwinde.

Einladung zum Sommerfest

Es wird Zeit, den Sommer zu feiern!

Hier entlang zum Sommerfest. Am Gartentor geht den Gästen ein Licht auf, denn das Windlicht mit Geranienkranz und die beschriebene Schiefertafel weisen ihnen den Weg.

Mit dem Einsetzen der Dämmerung tauchen die Lampions den Garten in stimmungsvolles Licht.

Ein reich gedeckter Tisch sieh
geschmückt mit der Kräutergirland
noch festlicher aus

Wenn die Gäste sich selbst am Buffet versorgen, dürfen die Gastgeber ausgelassen mitfeiern.

ANLEITUNG FÜR EINE TISCHGIRLANDE

Nur weil man es im Sommer leicht mag, muss die Tischdeko ja nicht spärlich sein – im Gegenteil. So vielseitig beschenkt mit Blüten aller Farben und Formen möchte man den Sommer auch beim Essen zelebrieren. Schließlich ist der Tisch von Mutter Natur nicht immer so reich gedeckt. Einige Kräuter machen sich nicht nur auf den Speisen gut, sondern auch in einer sommerlichen Girlande, die einfach seitlich an die Tischdecke gehängt wird.

Binden Sie dafür Borretschblüten, Oregano, Rosmarin, Hortensien und Indianernessel mit Wickeldraht zu einer Girlande. Setzen Sie die einzelnen Stiele dicht aneinander und arbeiten Sie sich von einem Ende zum anderen vor. Die fertige Girlande können Sie nun mit Nadeln am Tischtuch befestigen. Benutzen Sie ruhig mehrere Nadeln an unterschiedlichen Stellen, um das Gewicht der Girlande zu stützen. Die beiden Enden werden auf dem Tisch festgesteckt.

FRUCHTIG-FRISCHES ZITRONENEIS

Die Natur ist ein Verpackungsgenie, und ein herrlich belebendes Zitroneneis sieht serviert in einer Zitrone noch viel erfrischender aus. Schlagen Sie für das Eis 200 ml Sahne steif und rühren Sie dann 100 g Zucker, 500 ml Buttermilch und den Saft aus vier Zitronen unter. Im Tiefkühlschrank verwandelt sich die Mischung in ein köstliches Eis.

Weiß ist traditionell die Farbe der Unschuld, Reinheit und Freude – deshalb ist weiß immer ein guter Ausgangspunkt für eine ausgewogene Tischdekoration.

Von Juni bis September blüht in vielen Gärten der Zitronenthymian. Seine zarten Blätter und Blüten verbreiten einen verlockenden Zitronenduft. In einem Kranz mit Blüten der Duftwicke wird aus ihnen eine zauberhafte Dekoration für das Besteck. Legen Sie den fertigen Kranz einfach um den oberen Rand des Glases oder befestigen Sie ihn mit Draht.

Blumen sind das Lächeln der Natur. Es geht auch ohne sie, aber nicht so gut.

Max Reger

Während der Blüte verbreitet die rankende Duftwicke einen verführerischen Duft.

DUFTWICKEN IM GLAS

Sizilianische Mönche brachten die Duftwicke nach Nordeuropa. Heute ist sie eine beliebte Zierpflanze, die auch im Balkonkübel wächst. Mit Kerzen sorgen die lila- und rosafarbenen Blüten für eine romantische Stimmung.

SERVIETTENDEKORATION

Die zarten, vielfarbigen Blüten der Duftwicke ergeben einen schönen kleinen Strauß als Serviettendekoration. Binden Sie die Stiele einfach mit Schleifenband zusammen und umwickeln Sie sie mit Schleifenband, das Sie mit einer Nadel feststecken können.

Schmuckkörbchen und Löwenmäulchen zählen zu den Ehrengästen des Festes. Sie verwandeln Terrasse und Garten in eine Sommerlandschaft.

Die etwas andere Flaschenpost verrät den Gästen den Weg zur Sommerparty. Ein kleiner Strauß aus Guernseylilie, Seifenkraut, Zinnie, Ehrenpreis und Hasenschwanzgras dient als Vorbote des Fests.

Ein selbstgebastelter Wegweiser am Gartentor erspart Ihnen manchen Gang zur Haustür und die Gäste fühlen sich von Herzen willkommen. Auch sonst gilt für Sommerfeste: Je besser die Vorbereitung, desto mehr können Sie als Gastgeber selbst den Abend genießen und mitfeiern. Eine Bowle zum Beispiel ist schnell angesetzt, Salate lassen sich schon am Nachmittag vorbereiten, und ist der Tisch erst einmal gedeckt und das Buffet aufgebaut, können sich die Gäste leicht selbst bedienen. Je weniger Stress der Gastgeber selbst hat, umso wohler fühlen sich nämlich auch die Gäste.

1. SOMMERPARTY-BUFFET

Bei dieser Gartenparty isst das Auge nicht nur mit, es darf sich an den Farbspielen und Salaten aus frisch geernteten Zutaten ausgiebig satt sehen. Jeder Winkel lockt mit anderen Farben und leckeren Speisen von den Melonenschiffchen bis zum Mozzarella-Salat. Der Salatklassiker aus Italien kommt nämlich nie aus der Mode. Allerdings kann man ihn in unterschiedlichen Variationen noch ein wenig aufpeppen. Die Blütenblätter der Ringelblume zum Beispiel geben dem Salat eine würzig-herbe Note.

2. SALATE MIT BLÜTEN

Eine Gartenparty ohne Salate wäre eine recht traurige Veranstaltung. Und Salate haben es in sich. Sie stecken voller Vitamine, haben unzählige verschiedene Gesichter und schmecken richtig gut. Mit raffinierten Dressings kann man Salaten zusätzliche Würze geben. Und zu einem Hingucker werden Sie, wenn man sie mit verschiedenen essbaren Blüten aus dem Garten verschönert.

MINI-LAMPIONS ALS VASE

Kugelrund leuchtend hängen diese Mini-Lampions normalerweise an Lichterketten. Diese erhalten Sie zum Beispeil in der Dekoabteilung von Baumärkten. Umfunktioniert als Vase für einzelne Blüten sehen sie aber besonders festlich aus. Einzelne Dahlienblüten in Floristenröhrchen geben ihnen ein neues Gesicht. Füllen Sie die Röhrchen mit Wasser und stecken Sie die Dahlienblüten hinein. Nun kommen die Röhrchen in ihre Lampion-Vasen. Originell sind diese runden Farbenspiele als Namensschilder für die Tischdeko.

1

2

3

1. WASSERMELONEN-SPIESSE UND BOWLE

Das Fruchtfleisch von Wassermelonen besteht zu 90 Prozent aus Wasser und ist deshalb sehr erfrischend. Eine leckere Kombination am Spieß bilden Wassermelonenwürfel und Melissenblätter. Süß und verführerisch ist auch eine Bowle mit Wassermelone. Sie sollte bereits einen Tag vor der Feier angesetzt werden. Schneiden Sie die Melone dafür in Würfel und begießen Sie sie mit einer Flasche trockenen Weißwein. Am nächsten Tag werden kurz vor dem Servieren noch eine Flasche Sekt sowie Eiswürfel und Blätter der Zitronenmelisse untergerührt.

2. OBSTSALAT MAL ANDERS

Eine Abwechslung zum schnöden Obstsalat bieten bunte Spieße zum Beispiel mit Stachelbeeren. Auch als Fingerfood oder Dekoration am Glas machen sie etwas her.

3. EISWÜRFEL MIT KRÄUTERBLÜTEN

Die sommerlichen Blüten-Eiswürfel lassen sich ganz leicht selber machen. Legen Sie einzelne Blüten von Borretsch, Johannisbeer-Salbei und Fenchel in die Eiswürfelbehälter, bevor Sie sie mit Wasser füllen. In Wasser oder Bowle sorgen sie später für ein schönes Farbspiel.

Wie fossile Schätze verbergen sich in den Eiswürfeln wunderschöne Blüten. Schmilzt das Eis, tauen auch die Kräuterblüten auf und geben dem Wasser eine herrlich würzige Note.

Wer schafft es, alle kleinen Flugschirme mit einem Atemzug von der Pusteblume zu blasen? Die winzigen Schirmchen, an denen die Früchte der Pusteblume hängen, gleiten zauberhaft leicht zu Boden oder lassen sich über weite Strecken vom Wind tragen.

Mit Kindern im Garten

Draußen gibt es überall Neues zu entdecken

Je mehr Farben, umso schöner der Kindergeburtstag. Auch wenn heute nur ein Kind Geburtstag hat, einen eigenen Kuchen mit Kerze hätte am liebsten jeder Gast. Mit Muffins lässt sich das ganz einfach machen. Stellen Sie jedem Kind einen Muffin, am besten mit Schokoladenglasur, auf den Platz und stecken Sie eine Kerze hinein. Ein paar Smarties rund herum sorgen für eine bunte Dekoration.

RINGELBLUMEN IM MINI-TOPF

Eine hübsche Tischdeko sind Ringelblumen in winzigen Tontöpfen. Dafür benötigen Sie kleine Tontöpfe und einen Steckschwamm. Weichen Sie den Schwamm zunächst in Wasser ein, dann zerschneiden Sie ihn in mehrere kleine Stücke, die Sie mit Alufolie umwickeln und dann in die Tontöpfe stecken. Anschließend können Sie in jeden Topf eine Ringelblume stecken. Nun sieht es aus, als würde die Blume im Topf wachsen. Um die Illusion perfekt zu machen, sollten Sie den Schwamm verstecken. Bedecken Sie ihn zum Beispiel einfach mit einer Handvoll Moos aus dem Garten. Die kleinen Töpfe eignen sich auch wunderbar als Namensschilder für die Geburtstagsfeier Ihres Kindes. Stellen Sie jedem Kind einen Topf auf den Platz und schreiben Sie seinen Namen auf den Topf. Wenn dann die Feier zu Ende ist, können die Kinder ihren eigenen Topf als Geschenk mit nach Hause nehmen.

Kinder lieben Ringelblumen, weil sie so fröhlich und sommerlich aussehen. Die hübsche Deko ist so einfach herzustellen, dass auch Kinder hierbei tatkräftig mithelfen können.

1

2

3

ANLEITUNG FÜR SONNENBLUMEN-GESICHTER

Suchen Sie ein paar verblühte Sonnenblumen aus. Lassen Sie die Kinder mit einer Pinzette die verblühten Blüten so aus der Mitte der Blume zupfen, dass ein lachendes Gesicht entsteht. Natürlich können sie auch einfach irgendein anderes fröhliches Bild zupfen. Für den Kindergeburtstag eignen sich aber die lachenden Sonnenblumen-Gesichter am besten. Die verblühten Bütenblätter werden entfernt. Damit man trotzdem nicht auf das sonnige Gelb verzichten muss, wird der verbliebene Blattkranz angemalt. Wer könnte diesem lächelnden Gesicht widerstehen? Natürlich darf jedes Kind seine Blume am Ende der Feier mit nach Hause nehmen.

TÖRTCHEN IN MARIENKÄFERFORM

Marienkäfer bringen Glück! Wahrscheinlich rührt dieser Aberglaube daher, dass die Käfer Blattläuse und Spinnmilben zu ihrer Leibspeise erklärt haben. In Form kleiner Törtchen mit Punkten aus Schokolade könnten die Marienkäfer schnell zur Leibspeise ihrer Kinder werden. An Geburtstagen können Sie den Käfertörtchen so viele Punkte geben, dass sie mit dem Alter des Kindes übereinstimmen.

Register

Abendessen 124 ff.
Anleitung 16, 18, 21, 24 f., 28, 31, 35, 43, 44 ff., 48, 54, 58 ff., 61, 65, 72, 76 ff., 85, 86 ff., 97, 98, 131, 143, 147, 155, 161, 162
Austin, David 19

Bärlauch 127, 142
Bartfaden 63
Bartnelke 82
Basilikum 100
Bauerngarten 69 ff., 82, 84 f., 89, 92 ff.
Beeteinfassung 77 f.
Beinwell 53, 63, 66
Besteckhalter 135
Birnensaft 106
Blütensalat 126, 136
Borretsch 28, 124 f., 139, 141, 147, 156
Bowle 156
Brombeeren 106
Buffet 146 ff., 153 ff.

Calendula 54, 58 ff., 60 f., 71, 81, 84, 139, 154, 161
Currykraut 26

Dahlie 82 f. , 89, 155
Dill 49, 54
Duftnessel 63
Duftrose 13, 42 f.
Duftwicke 150 f.

Enzianbaum 23
Erbsen 79, 94
Erdbeeren 92, 106
Ernte 90 ff.
Etagere 135

Fächerblume 23
Färberkamille 54
Fenchel 84, 139, 156
Fetthenne 89
Feuerbohne 131
Fingerhut 70
Flammenblume 28, 63, 77
Flockenblume 69, 86
Frauenmantel 42 f., 49, 54, 82, 86
Frühstück 102 ff., 105 ff.
Fußbad 55, 60

Gänseblümchen 104 f.
Girlande 146 ff.
Gladiole 83
Goldrute 82, 89
Grillabend 134 ff., 138, 152 f.

Hängematte 13
Heilkräuter 15, 27
Himbeeren 91 f., 96 ff.
Holunder 82, 114, 118 f.
Hortensie 40, 82, 147
Hühnersuppe 128
Husarenknöpfchen 77

Insektenhotel 72 f.

Jasmin 23
Johannisbeere 90 ff., 96, 107
Johanniskraut 62, 89
Jungfer im Grünen 49, 82, 89

Kaffeeklatsch 110 ff.
Kamille 54, 56 f., 139
Kapuzinerkresse 74
Karotte 93
Kindergeburtstag 160 ff.
Kletterrose 12, 17
Kranz 43, 49, 54, 82, 85, 98, 134, 137, 150
Kräuter 26 f., 30 f., 54, 128 f., 136, 141, 147, 156
Kräuterbutter 136, 141
Kugeldistel 28, 63

Lampion 145
Lavendel 27, 30 f., 52, 55, 64 f.
Leberbalsam 89
Löwenmäulchen 82, 152
Löwenzahn 85

Maiglöckchen 21, 34 ff.
Malve 53
Mangold 75
Margerite 40, 85, 86 f., 112 f., 120, 122 f.
Maritime Deko 38 f.
Marmelade 91, 106
Marmeladenglas 39, 113, 117
Melone 154, 156
Mini-Teich 34 f.
Minze 29, 54, 63, 139
Mohn 122
Muschel 39

Nigella 49, 82, 89

Oregano 30, 129, 139, 147

Pesto 142
Pfingstrose 71, 86, 114 ff.
Picknick 120 ff.
Platzkarte 127, 155

Quark 106 f., 128, 141

Radieschen 92, 96, 124 f.
Ringelblume 54, 58 ff., 60 f., 71, 81, 84, 139, 154, 161
Ringelblumenöl 60 f.
Ringelblumensalbe 58 ff.
Rittersporn 89
Rose 13, 16 ff., 42 f., 108 f., 114 f.
Rosengelee 18
Rosensirup 18
Rosmarin 129, 147

Salbei 27, 30, 54, 129, 139
Schafgarbe 54, 89
Schaukel 22 f.
Schmuckkörbchen 70, 82, 152
Schwimmkerze 35, 54
Seife 52 f.
Sichtschutz 23 ff.
Sonnenblume 48, 89, 162
Sonnenhut 63
Spargel 124 ff.
Stein, beschriftet 27
Strauß 28, 80 ff., 83, 86 ff., 103, 119, 151

Tarte 130
Teelicht 48
Terracotta 26 f.
Thymian 30, 129
Tomate 100 f., 127, 130, 140

Veilchen 30
Vergissmeinnicht 21

Waldrebe 82, 117
Weide 44 ff., 77 f.
Wellness 50 ff.
Willkommensschild 137, 144
Windlicht 32 f., 39 ff., 49, 110, 113, 117, 139, 143 f., 148 f.

Zinkgefäße 27, 34 f.
Zinnie 77, 82, 84, 88, 153
Zitroneneis 148
Zitronenthymian 27, 150
Zitronenverbene 67
Zwiebel 95

Alles, was das Leben schön macht.

Die besten Ideen kommen vom Land.